TRAILBLAZER
EMPOWERING YOUNG MINDS

Common University Entrance Test
for Under Graduate Programmes

कॉमन यूनिवर्सिटी एंट्रेंस टेस्ट

CUET (UG)

खंड-1ए हिंदी

डॉ० सुमन आनंद

वरिष्ठ स्नातकोत्तर शिक्षिका, विभागाध्यक्षा
एम०ए० (हिंदी संस्कृत), बी०एड०, पी-एच०डी०

UNICORN BOOKS

प्रकाशक
यूनीकॉर्न बुक्स
एफ-2/16, अंसारी रोड, दरियागंज, नई दिल्ली-110002
☎ 23262683, 45644782, 23250704
ई-मेलः info@unicornbooks.in • वेबसाईटः www.unicornbooks.in

शाखा : मुम्बई
23-25, जोबा वाड़ी, ठाकुरद्वार, मुंबई-400002
☎ 022-22010941, 022-22053387
ई-मेलः unicornbooksmumbai@gmail.com

ISBN 978-81-7806-575-5

मुद्रक : परम ऑफसेटर्स, ओखला, नई दिल्ली-110020

प्राक्कथन

''आत्मविश्वास और कड़ी मेहनत असफलता नामक बीमारी को मारने के लिए सबसे बढ़िया दवाई है। यह आपको एक सफल व्यक्ति बनाती है।''

–डॉ ए.पी.जे. अब्दुल कलाम

परीक्षार्थियों की योग्यता का मूल्यांकन करने तथा पात्रता सिद्ध करने का सबसे आसान तरीका है – परीक्षा।

'राष्ट्रीय परीक्षा एजेंसी (NTA)' द्वारा आयोजित होने वाली 'कॉमन यूनिवर्सिटी एंट्रेंस टेस्ट CUET(UG)' के सभी बिंदुओं, उद्देश्य तथा पाठ्यक्रम को ध्यान में रखते हुए एवं परीक्षा में सम्मिलित होने वाले छात्रों की सहायता के लिए प्रस्तुत पुस्तक में **खंड-1ए** के अंतर्गत **हिंदी भाषा एवं व्याकरण** से संबंधित संभावित विषयों तथा बिंदुओं का सर्वथा सरल और बोधगम्य भाषा-शैली में एक संक्षिप्त परिचय देते हुए वस्तुनिष्ठ प्रश्न दिए गए हैं। परिक्षार्थियों की सहायता हेतु चार मॉडल प्रश्न-पत्र भी दिए गए हैं। पुस्तक का प्रमुख उद्देश्य परीक्षार्थियों को समय-नियोजन में सहायता करना एवं परीक्षा के भय और तनाव से मुक्ति दिलाना, संभावित पाठ्यक्रम को हृदयंगम कराना, परीक्षार्थियों द्वारा अपनी त्रुटियों एवं न्यूनताओं को समझना व दूर करने का अभ्यास करना, प्रश्न-पत्र को हल करने में गति एवं परिशुद्धता बढ़ाना और उनके आत्मविश्वास में वृद्धि करना है।

पुस्तक के निर्माण में पर्याप्त सावधानी व सतर्कता रखी गई है; फिर भी यदि कोई त्रुटि रह गई है तो सुविज्ञ पाठकों छात्रों तथा शिक्षकों के सुझावों का मुक्त हृदय से स्वागत है, ताकि आगामी अंक को अधिक उपयोगी सार्थक व त्रुटिमुक्त बनाया जा सके।

सभी परीक्षार्थियों को सफलता हेतु हार्दिक शुभकामनाएं।

सी. यू. ई. टी. : परीक्षा का स्वरूप

राष्ट्रीय परीक्षा एजेंसी (NTA) ने वर्ष 2022 से देश के केंद्रीय विश्वविद्यालयों में स्नातक पाठ्यक्रमों में प्रवेश के लिए ''साझा विश्वविद्यालय प्रवेश परीक्षा'' (CUET) आयोजित करना निश्चित किया है। इस परीक्षा उद्देश्य देशभर के केंद्रीय विश्वविद्यालयों में स्नातक पाठ्यक्रमों में प्रवेश के इच्छुक छात्रों को समान अवसर उपलब्ध कराना है। यह परीक्षा चार खंडों में विभक्त होगी। पहले खंड के दो भाग-1A में 13 भाषाएं, 1B में 19 भाषाएं, खंड 2 में 27 विशेष विषय होंगे तथा खंड 3 सामान्य परीक्षा का होगा। परीक्षा के सभी प्रश्न 12वीं कक्षा के स्तर के तथा बहु वैकल्पिक होंगे। परीक्षा द्वारा परीक्षार्थियों की तार्किक क्षमता, स्मरण कौशल, अध्ययन की गहनता का परीक्षण व मूल्यांकन किया जाएगा। इस संदर्भ में उल्लेख्य है कि विभिन्न विश्वविद्यालयों में प्रवेश के लिए छात्रों को अलग-अलग परीक्षा नहीं देनी होगी तथा प्रवेश परीक्षा में प्राप्त अंकों के आधार पर प्रवेश दिया जाएगा।

हिंदी भाषा के प्रश्न पत्र में कुल 50 प्रश्न पूछे जाएंगे, जिनमें से परीक्षार्थियों को 40 प्रश्न हल करने होंगे। प्रश्नों को हल करने के लिए कुल 45 मिनट का समय दिया जाएगा। प्रत्येक प्रश्न 5 अंक का होगा। इस प्रकार यह प्रश्न-पत्र 200 अंक का होगा। तीन अपठित गद्यांशों द्वारा परीक्षार्थियों की तथ्यात्मक, वर्णनात्मक, साहित्यिक तथा बौद्धिक क्षमता का आकलन होगा। व्याकरण के अंतर्गत वाक्य के खंडों को पुनः व्यवस्थित करना, उचित शब्द का चयन, पर्यायवाची शब्द, विलोम शब्द, शब्द भंडार आदि उपविषय सम्मिलित होंगे। इस परीक्षा में नकारात्मक अंकन भी होगा अर्थात सही उत्तर के चयन पर 5 अंक दिए जाएंगे, जबकि गलत उत्तर पर 1 अंक काटा जाएगा।

सी.यू.ई.टी (1ए) का ब्लू प्रिंट एवम् पाठ्यक्रम

पाठ्य बिंदु	पाठ्यक्रम विभाजन	कुल प्रश्न (बहुविकल्पीय)	अंक
अपठित परिच्छेद	अपठित परिच्छेद	30	150
व्याकरण	अभिकथन-कारण, क्रम-व्यवस्थापन, पद-प्रतिस्थापन, वाक्यगत अशुद्धि शोधन, विराम-चिह्न	20	100
शब्द विचार	विपरीतार्थी शब्द, समानार्थी शब्द, वाक्यांश के लिए एकशब्द, मुहावरे, लोकोक्तियाँ		

कुल अंक - 200

कुल प्रश्न - 50 प्रश्नों में से 40 हल करने हैं।

समय सीमा - 45 मिनट

सही उत्तर - 5 अंक

नकारात्मक अंक - 0.20 (एक अंक)

विषय-सूची

1. अपठित परिच्छेद

'अपठित' शब्द का अर्थ है–जो पहले से पढ़ा न गया हो। अपठित अंश को पढ़ने, समझने, हल करने से छात्रों में अर्थ ग्रहण की क्षमता विकसित होती है। ऐसा करने से परिच्छेद या काव्यांश के विचारों, भावों को अपने शब्दों में व्यक्त करने की शक्ति बढ़ती है तथा भाषा पर भी अच्छी पकड़ बनती है। प्रतियोगी/प्रवेश परीक्षाओं में बहुविकल्पी प्रश्न हल करने के लिए दिए जाते है। अपठित अंश पहले पढ़े न होने के कारण इसके प्रश्नों को हल करने में परेशानी महसूस होती है। अतः इन्हें हल करते समय निम्नलिखित बातों पर विशेष ध्यान देना चाहिए–

1. परिच्छेद/काव्यांश को दो-तीन बार ध्यान पूर्वक पढ़ना चाहिए।
2. पढ़ते समय जिन प्रश्नों के उत्तर स्पष्टतः दिए हों, उन्हें रेखांकित करना चाहिए।
3. प्रत्येक प्रश्न का उत्तर सावधानीपूर्वक सोचना चाहिए।
4. उत्तर दिए गए विकल्पों में से ही चुने।
5. शीर्षक मूल विषय से सम्बंधित हो।
6. जिस प्रश्न के उत्तर में एक से अधिक विकल्प सही प्रतीत हों, प्रश्न को ध्यानपूर्वक पुनः पढ़कर परिच्छेद के आधार पर सर्वाधिक सही उत्तर का चयन करें।
7. कई बार कोई भी विकल्प शत प्रतिशत सही नहीं होता, ऐसी स्थिति में निकटतम सही विकल्प चुनें।
8. भाषा एवम् व्याकरण संबंधी प्रश्नों के उत्तर ध्यानपूर्वक दें।

अभ्यास-प्रश्न (वस्तुनिष्ठ)

निम्नलिखित परिच्छेदों को ध्यानपूर्वक पढ़कर नीचे दिए गए प्रश्नों के उत्तर के लिए उचित विकल्प छाँटिए।

1. ईश्वर सच्चिदानंद स्वरूप है तथा उसकी सर्वोत्कृष्ट रचना है–मानव। कण-कण में व्याप्त होने के साथ ही वह सर्वाधिक निकट हमारे अंदर स्थित है, फिर भी मानव हताश, निराश, दुखी तथा अशांत हे। कारण है ईश्वरीय ज्ञान का अभाव। प्रश्न है उसे कैसे जाना जाए? ईश्वर से मिलन का सीधा-सरल तरीका है–ध्यान। ध्यान है देखना, पर इन बाहरी आँखों से नहीं, अंतर्दृष्टि से देखना। ध्यान के द्ववारा मन को एकाग्र कर प्राण में, आत्मा में स्थिर किया जाता है। जैसे सूर्य की बिखरी किरणों को खुर्दबीन द्वारा एक बिंदु पर केंद्रित करने से अग्नि उत्पन्न होती है, वैसे ही ध्यान द्वारा चित्त की वृत्तियों के घनीभूत होने पर चैतन्य शक्ति का दिव्य प्रकाश, अमृतरस तथा अनहद संगीत के रूप में प्रकटीकरण होता है, जिसे आत्म-साक्षत्कार कहते हैं। ध्यान आत्मा का भोजन तथा मुक्ति का मार्ग है, जिससे परम तत्व परमात्मा के रहस्यों का उद्घाटन अंतरात्मा में होता है।

ध्यान सभी धर्मों का सार तथा सभी संतों एवं महापुरुषों द्वारा अपनाया गया मार्ग है। ध्यान के महत्व को समझे तथा किए बिना कोई भी व्यक्ति धार्मिक तथा अध्यात्मवादी नहीं हो सकता, क्योंकि ध्यान से चित्त का रूपांतरण होता है। पारलौकिक के साथ-साथ लौकिक रूप से भी ध्यान मानवोपयोगी है, क्योंकि शारीरिक व्याधियों के मूल हैं–मन के विकार। इस साधना से श्वासों की गति नियमित होती है, जिससे व्याधिकारक चंचल मन शांत होता है और अनेक प्रकार की वयाधियों का शमन होता है।

ध्यान से मस्तिष्क की क्रियाशीलता बढ़ती है, बुद्धि कुशाग्र होती है तथा समय-समय पर आने वाले प्रश्नों की समस्याओं का समाधान आंतरिक शक्ति से होता है। साधना से निष्क्रिय दायाँ मस्तिष्क सक्रिय हो जाता है तथा मस्तिष्क की कार्यकुशलता और शक्ति दस गुना बढ़ जाती है। ध्यान परमानंद का झरना है। इस प्रक्रिया में आनंद की रिमझिम वर्षा होती है, क्योंकि साधक के ध्यानस्थ होने पर मस्तिष्क में तरंगें उत्पन्न होती हैं,

जो शांत तथा आनंद का कारण हैं, किंतु इस हेतु मन का शांत होना आवश्यक है।

प्रसन्नता की प्राप्ति हेतु आनंद केंद्र पर ध्यान कर उसे जगाया जाता है, जिससे व्यक्ति कठिन से कठिन परिस्थिति में भी खिन्न व विचलित नहीं होता तथा सदैव प्रसन्न व तनावमुक्त जीवन व्यतीत करता है। ध्यान की प्रक्रिया सरल है, किंतु आवश्यकता है इसे जानने की। तत्वदृष्टा सद्गुरु से जानकर इसका नित्यप्रति अभ्यास करना चाहिए। यह साधना शारीरिक, मानसिक एवं बौद्धिक विकारों को दूर कर सुख, समृद्धि, दीर्घायु तथा आनंदप्रदायक है। स्वयं के अलावा परिवार एवं विश्व में शांति व मंगल-भावना हेतु भी साधना आवश्यक है।

1. मानव हताश क्यों हैं?

(क) सृष्टि की सर्वश्रेष्ठ रचना होने के कारण

(ख) ईश्वरीय ज्ञान के अभाव के कारण

(ग) ईश्वर के कण-कण में व्याप्त होने के कारण

(घ) मानव के अंदर ईश्वर होने के कारण

2. ईश्वर से मिलने का तरीका है–

(क) बाहरी आँखों से देखना

(ख) महापुरुषों के वचन सुनना

(ग) ध्यान

(घ) दिव्य संगीत

3. ध्यान के संबंध में सर्वाधिक उपयुक्त कथन है–

(क) अंतर्दृष्टि से देखना

(ख) आत्म साक्षात्कार करना

(ग) सभी धर्मों का सार

(घ) उपर्युक्त सभी

4. 'महापुरुष' का समास-विग्रह है–

(क) महान और पुरुष (ख) महान है जो पुरुष

(ग) महान वाला पुरुष (घ) महान का पुरुष

5. 'शारीरिक में' मूल शब्द व प्रत्यय का उचित विकल्प है–

(क) शरीर + इक (ख) शरीरि + क

(ग) शारीर + इक (घ) शारी + रिक

6. 'परमात्मा' शब्द के संधिविच्छेद का उचित विकल्प है–

(क) पर + मात्मा (ख) परम + आत्मा

(ग) परम् + आत्मा (घ) परमा + आत्मा

7. परिवार व विश्व की शांति के लिए क्या आवश्यक है?

(क) समृद्धि (ख) साधना

(ग) अभ्यास (घ) दीर्घायु

8. इस साधना से श्वासों की गति नियमित होती है। वाक्य में वाच्य है–

(क) कर्तृ (ख) कर्म

(ग) भाव (घ) क्रिया

9. उपसर्गयुक्त शब्द है–

(क) प्रसन्नता (ख) आंतरिक

(ग) आनंद (घ) अंतरात्मा

10. 'आत्म-साक्षात्कार' का अर्थ है–

(क) आत्मा को देखना

(ख) आत्मा से प्रश्नोत्तर करना

(ग) स्वयं को जानना

(घ) उपर्युक्त में से कोई नहीं

उत्तरमाला

1-(ख) ईश्वरीय ज्ञान के अभाव के कारण, 2-(ग) ध्यान, 3-(घ) उपर्युक्त सभी, 4-(ख) महान है जो पुरुष, 5-(क) शरीर + इक, 6-(ख) परम + आत्मा, 7-(ख) साधना, 8-(क) कर्तृ, 9-(घ) अंतरात्मा, 10-(ग) स्वयं को जानना।

2. सामाजिक विसंगतियों, विकृतियों और स्वार्थों के चलते मानवीय संबंधों में कटुता बढ़ती जा रही है। जिंदगी को कमर से खींचकर लाने वाले व्यक्ति की कमर टूट रही है। शरीर बूढ़ा हो रहा है, लेकिन चेतना अभी जवान है, किंतु वह अपने ही लोगों से उपेक्षित है। यह समस्या आज सामान्य परिवारों में प्राय: देखी जा रही है। इसके लिए सामाजिक परिवेश के साथ ही हम भी कहीं न कहीं उत्तरदायी हैं। सर्वप्रथम परिवर्तन हमें अपने विचारों में लाना होगा। विचार ही परिवर्तन की पृष्ठभूमि निर्मित करते हैं। जीवन के सत्य को जानना

है, तो पहले स्वयं को जानना होगा कि हमारे इस मानव शरीर की उपयोगिता क्या है और हम कहाँ तक इसमें खरे उतरे हैं?

मोहजनित संबंधों के चलते नैतिकता और मानवता का ह्रास हो रहा है। हमें यह कभी नहीं भूलना चाहिए कि परमात्मा की इस सृष्टि में मानव ही उसकी सर्वोत्कृष्ट रचना है। अत: मानव से अपेक्षाएँ भी अधिक होना स्वाभाविक है। जहाँ कहीं भी नैतिकता, सिद्धांतों और आदर्शों की बात होगी; साथ ही उनका अनुसरण किया जाएगा, वहाँ प्रभु की कृपा से सुख, शांति एवं समृद्धि अवश्य मिलेगी, क्योंकि परमात्मा भी यही अपेक्षा करता है कि मानव मानव के साथ मानवता का व्यवहार करे। यह सबसे बड़ी पूजा है और पूजा से हमारी चेतना स्पंदित होती है, जो अनैतिकता व अराजकता को देखते ही हमारे अंत:करण को झकझोर देती है।

यहीं हमें सतर्कता बरतनी है। जीवन सतत् गतिशील है। स्थिर रहना स्वाभाविक नहीं है। गति में ही जीवन है। परिवर्तन गति से ही होता है। हमें अपने विचारों और आचरण में आत्मीयता को विस्तार देना होगा। भाईचारा, प्रेम-व्यवहार जीवन को सरस करता है। जीवन में अनुकूल और प्रतिकूल निर्वहन करना है, क्योंकि परिस्थितियाँ तो आकर चली जानी हैं और हमें इसी समाज में रहना है। अत: हम संबंधों में कटुता क्यों लाएँ। मानव-हृदय प्रेम के लिए है, कटुता के लिए नहीं।

स्वाभाविक रूप से मानव-हृदय दुख में द्रवित और सुख में संतोष का अनुभव करता है। यही स्वभाव यदि हम दूसरों के लिए भी बनाए रखें, तो निश्चित रूप से दूसरों का सहयोग और सहानुभूति हमें अवश्य मिलेगी, जो हमारी शाश्वत पूँजी होगी। सिद्धांत की बात है कि कुछ पाने के लिए कुछ खोना पड़ता है। पात्रता अर्जित करने के लिए कुछ त्यागना पड़ता है। दूसरे के हृदय में स्थान पाना है, तो अपने ही समान उसके साथ व्यवहार करना होगा। स्वस्थ सामाजिक ढाँचा तभी बरकरार रह सकता है, जब हम दूसरों के सुख-दुख को अपना समझें। वास्तविक रूप में हम तभी सुखी रह सकते हैं, जब पड़ोसी भी सुखी रहे। यह मानव-प्रकृति है कि हम अन्य व्यक्ति को कष्ट में देखकर स्वयं कष्ट का अनुभव करते हैं।

1. मानवीय संबंधों में कटुता क्यों आ रही है?

(क) मानव के स्वार्थी होने के कारण।

(ख) समाज की विसंगतियों तथा विकृतियों के कारण।

(ग) उपर्युक्त दोनों।

(घ) उपर्युक्त में से कोई नहीं।

2. लेखक के अनुसार सुख व शांति कब मिल सकती है?

(क) नैतिकता, सिद्धांतों व आदर्शों का व्यवहार में प्रयोग करें तथा प्रत्येक मानव मानव के साथ अच्छा व्यवहार करे।

(ख) अपने विचारों में परिवर्तन लाकर

(ग) जीवन के इस सत्य को जानकर कि मानव शरीर की उपयोगिता क्या है।

(घ) उपर्युक्त में से कोई नहीं।

3. असत्य कथन छाँटिए-

(क) जीवन सतत् गतिशील है।

(ख) भाईचारा, प्रेम-व्यवहार जीवन को सरस करता है।

(ग) जीवन में केवल अनुकूल परिस्थितियाँ ही आती हैं।

(घ) अन्य व्यक्ति को कष्ट में देखकर स्वयं कष्ट का अनुभव करना।

4. मानव-प्रकृति क्या है?

(क) दूसरे के साथ भी अपने ही समान व्यवहार करना।

(ख) पात्रता अर्जित करने के लिए कुछ त्यागना पड़ता है।

(ग) दूसरे का सहयोग और सहानुभूति मिलना।

(घ) अन्य व्यक्ति को कष्ट में देखकर स्वयं कष्ट का अनुभव करना।

5. परिच्छेद का उपयुक्त शीर्षक है-

(क) सामाजिक विसंगतियाँ

(ख) समाज और मानवीय व्यवहार

(ग) मानव: सृष्टि की सर्वश्रेष्ठ रचना

(घ) मानव हृदय

6. परिच्छेद में प्रयुक्त मुहावरा 'खरा उतरना' का अर्थ है-

(क) परीक्षा में सफल होना

(ख) शुद्ध होना

(ग) पूरी तरह पकना

(घ) कोई मिलावट न होना

7. ''परमात्मा भी यही अपेक्षा करता है कि मानव मानव के साथ मानवता का व्यवहार करें।'' रचना के आधार पर वाक्य भेद है–

(क) सरल (ख) मिश्र

(ग) संयुक्त (घ) साधारण

8. दो प्रत्ययों के योग से निर्मित शब्द है–

(क) परिस्थितियाँ (ख) मानवता

(ग) स्वाभाविक (घ) नैतिकता

9. ''जिंदगी को कमर से खींचकर लाने वाले व्यक्ति की कमर टूट रही है।'' रेखांकित पद में कारक है–

(क) अपादान (ख) सम्प्रदान

(ग) करण (घ) कर्म

10. 'विसंगति' का समानार्थी शब्द नहीं है–

(क) प्रतिकूलता (ख) अनुकूलता

(ग) विपरीतता (घ) बाधा

उत्तरमाला

1-(ग) उपर्युक्त दोनों।, 2-(क) नैतिकता, सिद्धांतों व आदर्शों का व्यवहार में प्रयोग करें तथा प्रत्येक मानव मानव के साथ अच्छा व्यवहार करे।, 3-(ग) जीवन में केवल अनुकूल परिस्थितियाँ ही आती हैं।, 4-(घ) अन्य व्यक्ति को कष्ट में देखकर स्वयं कष्ट का अनुभव करना।, 5-(ख) समाज और मानवीय व्यवहार, 6-(क) परीक्षा में सफल होना, 7-(ख) मिश्र, 8-(घ) नैतिकता, 9-(क) अपादान, 10-(ख) अनुकूलता।

3. सिनेमा जगत के अनेक नायक-नायिकाओं, गीतकारों, कहानीकारों और निर्देशकों को हिंदी के माध्यम से पहचान मिली है। यही करण है कि गैर-हिंदी भाषी कलाकार भी हिंदी की ओर आए हैं। समय और समाज के उभरते सच को परदे पर पूरी अर्थवत्ता में धारण करने वाले ये लोग दिखावे के लिए भले ही अंग्रेज़ी के आग्रही हों, लेकिन बुनियादी और ज़मीनी हकीकत यही है कि इनकी पूँजी, इनकी प्रतिष्ठा का एकमात्र निमित्त हिंदी ही है। लाखों-करोड़ों दिलों की धड़कनों पर राज करने वाले ये सितारे हिंदी फिल्म और भाषा के सबसे बड़े प्रतिनिधि हैं।

'छोटा परदा' ने आम जनता के घरों में अपना मुकाम बनाया, तो लगा हिंदी आम भारतीय की जीवन-शैली बन गई। हमारे आद्यग्रंथों–रामायण और महाभारत को जब हिंदी में प्रस्तुत किया गया, तो सड़कों का कोलाहल सन्नाटे में बदल गया। 'बुनियाद' और 'हम लोग' से शुरू हुआ सोप ऑपेरा का दौर हो या सास-बहू धारावाहिकों का, ये सभी हिंदी की रचनात्मकता और उर्वरता के प्रमाण हैं। 'कौन बनेगा करोड़पति' से करोड़पति चाहे जो बने हों, पर सदी के महानायक की हिंदी हर दिल की धड़कन और हर धड़कन की भाषा बन गई। सुर और संगीत की प्रतियोगिताओं में कर्नाटक, गुजरात, महाराष्ट्र, असम, सिक्किम जैसे गैर-हिंदी क्षेत्रों के कलाकारों ने हिंदी गीतों के माध्यम से पहचान बनाई। ज्ञान गंभीर 'डिस्कवरी' चैनल हो या बच्चों को रिझाने-लुभाने वाला 'टॉम ऐंड जेरी'– इनकी हिंदी उच्चारण की मिठास और गुणवत्ता अद्भुत, प्रभावी और ग्राह्य है। धर्म-संस्कृति, कला-कौशल, ज्ञान-विज्ञान सभी कार्यक्रम हिंदी की संप्रेषणीयता के प्रमाण हैं।

1. गैर हिंदी-भाषी कलाकारों के हिंदी सिनेमा में आने का कारण है–

(क) लाखों-करोड़ों लोगों के दिलों पर राज करने के लिए।

(ख) हिंदी के माध्यम से पहचान पाने के लिए।

(ग) उपर्युक्त दोनों।

(घ) कोई नहीं।

2. 'छोटा परदा' से तात्पर्य है–

(क) रेडियो (ख) दूरदर्शन

(ग) इंटरनेट (घ) सिनेमा

3. छोटे परदे से आम जनजीवन की भाषा पर क्या प्रभाव पड़ा?

(क) हिंदी आम भारतीय की जीवन शैली बन गई।

(ख) लोगों में अंग्रेजी का आग्रह बढ़ा।

(ग) हिंदी बोलने में आम भारतीय को संकोच होने लगा।

(घ) हिंदी की संप्रेषणीयता में कमी आई।

4. सदी का महानायक कौन है?

(क) शाहरूख खान (ख) नरेंद्र मोदी

(ग) आमिर खान (घ) अमिताभ बच्चन

5. हिंदी की संप्रेषणीयता के प्रमाण कार्यक्रम हैं–

(क) रामायण और महाभारत

(ख) बुनियाद और हम लोग

(ग) कौन बनेगा करोड़पति और टॉम ऐंड जेरी

(घ) उपर्युक्त सभी

6. 'विलोम' का विलोम शब्द है–

(क) समानार्थी (ख) विपरीतार्थी

(ग) अनेकार्थी (घ) विरुद्धार्थी

7. 'संप्रेषणीयता' शब्द बना है–

(क) उपसर्ग के योग से

(ख) प्रत्यय के योग से

(ग) उपसर्ग-प्रत्यय दोनों के योग से

(घ) उपर्युक्त में से कोई नहीं

8. 'निर्देशक' का स्त्रीलिंग है–

(क) निर्देशन (ख) निर्देशिका

(ग) निदेशिका (घ) निर्देशाइन

9. 'जीवन-शैली' का समास-विग्रह है–

(क) जीवन और शैली

(ख) जीवन है जो शैली

(ग) जीवन रूपी शैली

(घ) जीवन की शैली

10. 'आद्यग्रंथ' का अर्थ है–

(क) आज का ग्रंथ

(ख) मूल ग्रंथ

(ग) अर्वाचीन ग्रंथ

(घ) आयुर्वेद

उत्तरमाला

1-(ग) उपर्युक्त दोनों।, 2-(ख) दूरदर्शन, 3-(क) हिंदी आम भारतीय की जीवन शैली बन गई।, 4-(घ) अमिताभ बच्चन, 5-(घ) उपर्युक्त सभी, 6-(क) समानार्थी, 7-(ग) उपसर्ग-प्रत्यय दोनों के योग से, 8-(ख) निर्देशिका, 9-(घ) जीवन की शैली, 10-(ख) मूल ग्रंथ।

4. भाषा का एक प्रमुख गुण है–सृजनशीलता। हिंदी में सृजनशीलता का अद्‌भुत गुण है, अद्‌भुत क्षमता है, जिससे वह निरंतर प्रवहमान है। हिंदी ही ऐसी भाषा है, जिसमें समायोजन की पर्याप्त और जादुई शक्ति है। अन्य भाषाओं और संस्कृतियों के शब्दों को हिंदी जिस अधिकार और सहजता से जज़्ब करती है, उससे हिंदी की संभावनाएँ प्रशस्त होती हैं। हिंदी के लचीलेपन ने अनेक भाषाओं के शब्दों को ही नहीं उनके सांस्कृतिक तेवरों को भी अपने में समेट लिया है। यही कारण है कि हिंदी सामासिक संस्कृति की तथा विविध भाषा-भाषियों और धर्मावलंबियों की प्रमुख पहचान बन गई है। अरबी, फ़ारसी, तुर्की, अंग्रेज़ी आदि के शब्द हिंदी की शब्द-संपदा में ऐसे मिल गए हैं, जैसे वे जन्म से ही इस भाषा परिवार के सदस्य हों, यह समाहार उसकी जीवंतता का प्रमाण है।

आज हम परहेज़ी होकर, शुद्धतावाद की जड़ मानसिकता में कैद होकर नहीं रह सकते। सूचना-क्रांति, तकनीकी-विकास और वैज्ञानिक आविष्कारों के दबाव ने हमें सबसे संवाद के अवसर दिए हैं। विश्व-ग्राम की संकल्पना से हिंदी को क़दम-ब-क़दम चलना होगा। इसके लिए आवश्यक है–आधुनिक प्रयोजनों के अनुरूप विकास तथा भाषा और लिपि से संबधित यांत्रिक साधनों का विकास। इंटरनेट से लेकर बाज़ार तक, राजकाज से लेकर शिक्षा और न्याय के मंदिरों तक हिंदी को उपयोगी और कार्यक्षम बनाने के लिए उसका सरल-सहज होना आवश्यक है और उसकी ध्वनि, लिपि, शब्द-वर्तनी, वाक्य-रचना का मानकीकृत होना भी ज़रूरी है। सरकार की तत्परता के साथ हम जनता की दृढ़ इच्छाशक्ति, सजगता और सचेष्टता को जोड़ दें, तो वह दिन दूर नहीं, जब हिंदी अंतर्राष्ट्रीय सरहदों में भारत की रहनुमाई करेगी।

1. हिंदी की समायोजन-शक्ति से क्या तात्पर्य है?

(क) हिंदी भाषा निरंतर प्रवहमान है

(ख) हिंदी भाषा अन्य भाषाओं के शब्दों को सहजता से अपने अंदर मिला लेती है

(ग) हिंदी में जादुई शक्ति है

(घ) हिंदी जीवंत भाषा है।

2. हिंदी भारत की सामाजिक संस्कृति की पहचान कैसे बन गई?

(क) हिंदी अन्य भाषाओं के शब्दों के साथ-साथ उनके सांस्कृतिक तेवरों को भी अपने में समेट लेती है

(ख) हिंदी भाषा में लचीलापन है

(ग) हिंदी भाषा की सृजनशीलता के कारण

(घ) हिंदी भाषा की समाहार शक्ति और उसकी जीवंतता के कारण

3. हिंदी भाषा के संदर्भ में शुद्धतावादी होने का क्या तात्पर्य है?

(क) हिंदी भाषा में सबसे संवाद के अवसर देना

(ख) विश्व-ग्राम की संकल्पना को साकार करना

(ग) भाषा और लिपि से संबंधित यांत्रिक साधनों का विकास करना

(घ) दूसरी भाषाओं के शब्दों से परहेज होना

4. हिंदी को सबसे संवाद स्थापित करने का अवसर कैसे मिला है?

(क) सूचना क्रांति के कारण

(ख) तकनीकी विकास के कारण

(ग) वैज्ञानिक आविष्कारों के कारण

(घ) उपर्युक्त सभी

5. सबके साथ कदम मिलाकर चलने से क्या अभिप्राय है?

(क) आधुनिक प्रयोजनों के अनुरूप विकास करना

(ख) भाषा व लिपि से संबंधित यांत्रिक साधनों का विकास करना

(ग) उपर्युक्त दोनों

(घ) इनमें से कोई नहीं

6. विपरीतार्थी शब्द बताइए– जड़, जन्म

(क) चेतन, मरण	(ख) निर्जीव, मृत्यु
(ग) चेतन, मृत्यु	(घ) सजीव, मरण

7. विविध के पर्यायवाची शब्द हैं–

(क) अनेक, बहुसंख्य, विभिन्न

(ख) नाना, थोड़ा, प्रकीर्ण

(ग) प्रकीर्ण, अल्पसंख्य, विभिन्न

(घ) नाना, विभिन्न, संकीर्ण

8. 'अंतर्राष्ट्रीय' का वर्ण-विच्छेद है–

(क) अ + न् + त् + र् + आ + ष् + ट् + र् + ई + य्

(ख) अ + न् + त् + र् + र् + आ + ष् + ट् + र् + ई + य्

(ग) अं + त् + र् + आ + ष् + ट् + र् + ई + य् + अ

(घ) अ + न् + त् + अ + र् + र् + आ + ष् + ट् + र् + ई + य् + अ

9. किस शब्द में 'सम्' उपसर्ग का प्रयोग नहीं है–

(क) संख्या	(ख) संकल्पना
(ग) संस्कृति	(घ) संभावनाएँ

10. 'सरहद' का समानार्थी शब्द है–

(क) सीमांत	(ख) भू-सीमा
(ग) सीमा रेखा	(घ) उपर्युक्त तीनों

उत्तरमाला

1-(ख) हिंदी भाषा अन्य भाषाओं के शब्दों को सहजता से अपने अंदर मिला लेती है।, 2-(क) हिंदी अन्य भाषाओं के शब्दों के साथ-साथ उनके सांस्कृतिक तेवरों को भी अपने में समेट लेती है।, 3-(घ) दूसरी भाषाओं के शब्दों से परहेज होना।, 4-(घ) उपर्युक्त सभी, 5-(ग) उपर्युक्त दोनों।, 6-(ग) चेतन, मृत्यु, 7-(क) अनेक, बहुसंख्य, विभिन्न, 8-(घ) अ + न् + त् + अ + र् + र् + आ + ष् + ट् + र् + ई + य् + अ, 9-(क) संख्या, 10-(घ) उपर्युक्त तीनों।

5. प्रेमचंद की 'रोशनी' कहानी का 'कथावाचक' इंग्लैंड से आई॰सी॰एस॰ उत्तीर्ण कर अफ़सर के रूप में कार्यरत है। उसका विश्वास है कि पश्चिमी सभ्यता, शिक्षा और जीवन-शैली से ही भारत का कल्याण होगा और इसकी अशिक्षा, जड़ता, अतीत-पूजा, पत्थर-पेड़-पूजा आदि का अंधकार इसी से दूर होगा, परंतु उसके तूफ़ान में फँसने पर गाँव की एक देहातिन विधवा उसे

मार्ग दिखाती है और ध्यान रखती है कि गर्द-गुबार में वह रास्ता न भूल जाए। इस उपकार के बदले वह आई॰सी॰एस॰ अफ़सर से पाँच रुपए भी नहीं लेती। अफ़सर गाँव के लोगों को जाहिल, मूर्ख और बेखबर मानने की अपनी मूर्खता पर लज्जित होता है और देहाती औरत के साहस, कर्तव्यपालन, स्वाभिमान, सेवाभाव तथा ईश्वर-विश्वास आदि को देखकर मान लेता है कि एक देहातिन भी आत्मिक शिक्षा एवं संस्कृति के उच्च स्थान पर बैठी हो सकती है और इस आत्मिक उन्नयन के लिए पश्चिमी शिक्षा या जीवन-शैली की आवश्यकता नहीं होती। प्रेमचंद उस गँवार, देहातिन, अनपढ़ औरत को मनुष्यता के शीर्ष पर प्रतिष्ठित करते हैं, जिसके प्रभाव से अंग्रेज़ी संस्कृति का भक्त और भारतीयता से नाक-भौंह सिकोड़ने वाला अफ़सर भी एक अच्छा मनुष्य बन जाता है। प्रेमचंद की यही विशेषता है, जो उन्हें अन्य कथाकारों से भिन्न पंक्ति में विशेष स्थान देती है। पढ़े-लिखे और संभ्रांत कहे जाने वाले पात्रों के दंभ को वे अपनी कलम से तार-तार कर देते हैं।

1. **आई॰सी॰एस॰ अधिकारी की भारत के विषय में क्या धारणा थी?**
   (क) पश्चिमी शिक्षा से ही भारत का कल्याण होगा।
   (ख) पश्चिमी सभ्यता से ही भारत का कल्याण होगा।
   (ग) पश्चिमी जीवन-शैली से ही भारत का कल्याण होगा।
   (घ) उपर्युक्त सभी।

2. **ग्रामीणों के प्रति अफसर की क्या धारणा थी?**
   (क) सभ्यता, सुसंस्कृत, सुशिक्षित हैं।
   (ख) जाहिल, मूर्ख, और बेखबर हैं।
   (ग) स्वाभिमान, साहसी, कर्त्तव्यपालक हैं।
   (घ) उपर्युक्त में से कोई नहीं।

3. **प्रेमचंद ने ग्रामीण महिला को कहाँ बैठाया है?**
   (क) आत्मिक शिक्षा के शीर्ष पर।
   (ख) संस्कृति के उच्च स्थान पर।
   (ग) मनुष्यता के शीर्ष पर।
   (घ) पश्चिमी जीवन-शैली के शिखर पर।

4. **परिच्छेद के आधार पर 'नाक-भौंह सिकोड़ना' मुहावरे का अर्थ है–**
   (क) क्रोधित होना (ख) घृणा करना
   (ग) दुर्गंध आना (घ) लज्जित होना

5. **कौन-सा शब्द दो प्रत्ययों के योग से बना है?**
   (क) भारतीयता (ख) स्वाभिमान
   (ग) मनुष्यता (घ) प्रतिष्ठित

6. **'एक देहातिन विधवा उसे मार्ग दिखाती है'– कर्मवाच्य होगा।**
   (क) एक देहातिन विधवा द्वारा उसे मार्ग दिखाया गया।
   (ख) एक देहातिन विधवा द्वारा उसे मार्ग दिखाया गया होगा।
   (ग) एक देहातिन विधवा द्वारा उसे मार्ग दिखाया जाता है।
   (घ) देहातिन विधवा ने उसे मार्ग दिखाया।

7. **तत्पुरुष समास का उदाहरण है–**
   (क) कथावाचक (ख) गर्द-गुबार
   (ग) बेखबर (घ) पढ़े-लिखे

8. **'मनुष्यता' का विपरीतार्थी शब्द है–**
   (क) इंसानियत (ख) हैवानियत
   (ग) पशुता (घ) पशुत्व

9. **प्रेमचंद कैसे कथाकार हैं?**
   (क) यथार्थवादी
   (ख) आदर्शवादी
   (ग) यथार्थोन्मुख आदर्शवादी
   (घ) आदर्शोन्मुख यथार्थवादी

10. **'उन्नयन' का समानार्थी शब्द है–**
   (क) अवनति (ख) प्रगति
   (ग) पतन (घ) उठे नयन

उत्तरमाला

1-(घ) उपर्युक्त सभी, 2-(ख) जाहिल, मूर्ख, और बेखबर हैं।, 3-(ग) मनुष्यता के शीर्ष पर।, 4-(ख) घृणा करना, 5-(क) भारतीयता, 6-(ग) एक देहातिन विधवा द्वारा उसे

मार्ग दिखाया जाता है।, 7-(क) कथावाचक, 8-(ग) पशुता, 9-(घ) आदर्शोन्मुख यथार्थवादी, 10-(ख) प्रगति।

6. यह संतोष और गर्व की बात है कि देश वैज्ञानिक और औद्योगिक क्षेत्र में आशातीत प्रगति कर रहा है। विश्व के समृद्ध अर्थव्यवस्था वाले देशों से टक्कर ले रहा है और उनसे आगे निकल जाना चाहता है, किंतु इस प्रगति के उजले पहलू के साथ एक धुँधला पहलू भी है, जिससे हम छुटकारा चाहते हैं। वह है—नैतिकता का पहलू। यदि हमारे हृदय में सत्य, ईमानदारी, कर्तव्यनिष्ठा और मानवीय भावनाएँ नहीं हैं, देश के मान-सम्मान का ध्यान नहीं है, तो सारी प्रगति निरर्थक होगी। आज यह आम धारणा है कि बिना हथेली गर्म किए साधारण-सा काम भी नहीं हो सकता। भ्रष्ट अधिकारियों और भ्रष्ट जनसेवकों में अपना घर भरने की होड़ लगी है। उन्हें न समाज की चिंता है, न देश की। समाचार-पत्रों में अब ये रोज़मर्रा की घटनाएँ हो गई हैं। लोग मान बैठे हैं कि यही हमारा राष्ट्रीय चरित्र है, जबकि यह सच नहीं है। नैतिकता मरी नहीं है, पर प्रचार अनैतिकता का हो रहा है। लोगों में यह धारणा घर करती जा रही है कि जब बड़े लोग ही ऐसा कर रहे हैं, तो हम क्यों न करें? सबसे पहले तो इस सोच से मुक्ति पानर जरूरी है और उसके बाद यह संकल्प कि भ्रष्टाचार से मुक्त समाज बनाएँगे। उन्हें बेनकाब करेंगे, जो देश के नैतिक चरित्र को बिगाड़ रहे हैं।

1. भारत की प्रगति का उजला पक्ष क्या है?

(क) समृद्ध अर्थव्यवस्था वाले देशों से टक्कर लेना

(ख) वैज्ञानिक और औद्योगिक क्षेत्र में प्रगति

(ग) अन्य विकसित देशों से आगे निकल जाने की चाहत

(घ) उपर्युक्त सभी

2. देश की आशातीत प्रगति का धुँधला पक्ष क्या है?

(क) ईमानदारी (ख) रिश्वतखोरी

(ग) कर्त्तव्यनिष्ठा (घ) मानवीय भावनाएँ

3. नैतिक चरित्र से क्या आशय है?

(क) भ्रष्ट अधिकारियों और भ्रष्ट जनसेवकों द्वारा अपना घर भरने की होड़

(ख) राष्ट्रीय चरित्र का पतन

(ग) सत्य, ईमानदारी, कर्त्तव्यनिष्ठा और मानवीय भावनाएँ

(घ) अनैतिकता का प्रचार

4. समाज अनैतिक पहलू से कैसे मुक्ति पा सकता है?

(क) इस सोच से मुक्ति पाना कि 'जब बड़े लोग ही ऐसा कर रहे हैं, तो हम क्यों न करें'

(ख) भ्रष्टाचार से मुक्त समाज बनाने का संकल्प लेना

(ग) 'क' और 'ख' दोनों

(घ) उपर्युक्त में से कोई नहीं

5. उपसर्ग व प्रत्यय युक्त शब्द हैं—

(क) वैज्ञानिक, औद्योगिक

(ख) आशातीत, वैज्ञानिक

(ग) आशातीत, नैतिकता

(घ) नैतिकता, औद्योगिक

6. 'लोग मान बैठे हैं कि यही हमारा राष्ट्रीय चरित्र है।' रचना के आधार पर वाक्य भेद है—

(क) सरल (ख) मिश्र

(ग) संयुक्त (घ) निषेधवाचक

7. परिच्छेद में प्रयुक्त मुहावरा है—

(क) प्रगति करना (ख) टक्कर लेना

(ग) मुक्ति पाना (घ) चरित्र बिगाड़ना

8. सरल वाक्य में परिवर्तित कीजिए— 'उन्हें बेनकाब करेंगे, जो देश के नैतिक चरित्र को बिगाड़ रहे हैं।'

(क) देश के नैतिक चरित्र को बिगाड़ने वाले सभी लोगों को बेनकाब करेंगे।

(ख) देश के नैतिक चरित्र को जो बिगाड़ रहे है, उन्हें बेनकाब करेंगे।

(ग) देश के नैतिक चरित्र को बिगाड़ रहे हैं, इसलिए उन्हें बेनकाब करेंगे।

(घ) देश के नैतिक चरित्र को बिगाड़ने वालों को बेनकाब करेंगे।

9. 'भ्रष्ट अधिकारी' का समास-विग्रह है—

(क) भ्रष्ट है जो अधिकारी

(ख) भ्रष्ट वाला अधिकारी

(ग) भ्रष्ट और अधिकारी

(घ) भष्ट रूपी अधिकारी

10. **उपसर्गयुक्त शब्द नहीं है–**

(क) बेनकाब (ख) निरर्थक

(ग) मानवीय (घ) प्रगति

उत्तरमाला

1-(घ) उपर्युक्त सभी, 2-(ख) रिश्वतखोरी, 3-(ग) सत्य, ईमानदारी, कर्त्तव्यनिष्ठा और मानवीय भावनाएँ, 4-(ग) 'क' और 'ख' दोनों, 5-(क) वैज्ञानिक, औद्योगिक, 6-(ख) मिश्र, 7-(ख) टक्कर लेना, 8-(घ) देश के नैतिक चरित्र को बिगाड़ने वालों को बेनकाब करेंगे।, 9-(क) भ्रष्ट है जो अधिकारी, 10-(ग) मानवीय।

7. साहित्य का जीवन के साथ संबंध है। साहित्यकार अपनी पैनी दृष्टि से देखता है और संवेदनशील मन से उसको अभिव्यक्त करता है। चारों ओर देखे गए सत्य और भोगे हुए यथार्थ को कभी कल्पना के रंग में रंगकर, तो कभी ज्यों-का-त्यों पाठक के सामने प्रस्तुत कर देता है। साहित्यकार में सौंदर्य को देखने और परखने की अद्‌भुत शक्ति होती है। मनोरम दृश्यों के सौंदर्य और मुग्ध कर देने वाले स्वरों की मधुरता से वह अकेले ही आनंदमग्न नहीं होना चाहता। वह दूसरों को भी आनंदमग्न करने के लिए सदा आतुर रहता है। साहित्यकार जब समाज को अपने मन की बात सुनाता है, तो साहित्यकार और समाज का संबंध स्पष्ट दिखाई पड़ता है। समाज की रूढ़ियों और विद्रूपताओं को उजागर कर वह जनमानस को जाग्रत करता है। उन्हें बताता है कि जो कुछ पुराना है, वह सोना ही हो – यह आवश्यक नहीं। हमें जकड़ने वाली, पीछे धकेलने वाली रूढ़ियों से छुटकारा पाना होगा। इस प्रकार साहित्यकार समाज का पथ-प्रदर्शक भी है और पथ-निर्माता भी। वह समाज को परिवर्तन और क्रांति के लिए भी तैयार करता है। यह सत्य है कि अनेक साहित्यिक रचनाएँ क्रांति की आधारशिला रखने में समर्थ हुई हैं। इसलिए साहित्य को केवल मनोरंजन की वस्तु मानना अपनी आँखों पर पट्टी बाँधकर सूर्य को नकारना है।

1. **साहित्यकार पाठकों के समक्ष सत्य को कैसे रखता है–**

(क) देखे गए सत्य को ज्यों का त्यों

(ख) भोगे हुए यथार्थ को ज्यों का त्यों

(ग) यथार्थ को कल्पना के रंग में रंगकर

(घ) उपर्युक्त सभी

2. **साहित्यकार और समाज का संबंध कब दिखाई पड़ता है–**

(क) समाज का मनोरंजन करता है

(ख) समाज को मनोरम दृश्यों के वर्णन से मुग्ध करता है

(ग) जब समाज को अपने मन की बात सुनाता है

(घ) उपर्युक्त में से कोई नहीं

3. **साहित्यकार को समाज का क्या कहा गया है–**

(क) पथ-प्रदर्शक

(ख) पथ-निर्माता

(ग) 'क' और 'ख' दोनों

(घ) 'क' और 'ख' में से कोई नहीं

4. **'अपनी आँख पर पट्टी बाँधकर सूर्य को नकारना' का अर्थ है–**

(क) सत्य को नकारना

(ख) जानबूझकर सत्य को अनदेखा करना

(ग) सूर्य के प्रकाश से बचना

(घ) अनजान बनना

5. **साहित्यकार क्या नहीं करता है–**

(क) अकेले ही आनंदमग्न होना

(ख) सौंदर्य को देखना और परखना

(ग) समाज की रूढ़ियों-विद्रूपताओं को उजागर करना

(घ) समाज को परिवर्तन के लिए तैयार करना।

6. **अनुपयुक्त समास विग्रह है–**

(क) जनमानस = जन का मानस

(ख) पथ प्रदर्शक = पथ का प्रदर्शक

(ग) पथ निर्माता = पथ का निर्माता

(घ) आनंद मग्न = आनंद का मग्न

7. **रूढ़ियाँ किसे कहते हैं?**

(क) पुराने-रिवाज़ या परम्पराएँ होती हैं।

(ख) संकीर्णता पर आधारित होती हैं।

(ग) हमें जकड़ती और पीछे धकेलती है।

(घ) उपर्युक्त सभी

8. **'वह समाज को परिवर्तन और क्रांति के लिए भी तैयार करता है'– वाच्य का भेद है–**

(क) कर्तृ वाच्य (ख) कर्मवाच्य

(ग) करण वाच्य (घ) भाव वाचय

9. **'मधुरता' का विपरीतार्थी शब्द है–**

(क) कठोरता (ख) कटुता

(ग) विद्रूपता (घ) तीक्ष्णता

10. **संयुक्त वाक्य छाँटिए–**

(क) साहित्यकार जब समाज को अपने मन की बात सुनाता है, तो साहित्यकार और समाज का संबंध स्पष्ट दिखाई पड़ता है।

(ख) वह समाज को परिवर्तन और क्रांति के लिए भी तैयार करता है।

(ग) इस प्रकार साहित्यकार समाज का पथ-प्रदर्शक भी है और पथ-निर्माता भी।

(घ) साहित्यकार में सौंदर्य को देखने और परखने की अद्‌भुत शक्ति होती है।

उत्तरमाला

1-(घ) उपर्युक्त सभी, 2-(ग) जब समाज को अपने मन की बात सुनाता है, 3-(ग) 'क' और 'ख' दोनों, 4-(ख) जानबूझकर सत्य को अनदेखा करना, 5-(क) अकेले ही आनंदमग्न होना, 6-(घ) आनंद मग्न = आनंद का मग्न, 7-(घ) उपर्युक्त सभी, 8-(क) कर्तृ वाच्य, 9-(ख) कटुता, 10-(ग) इस प्रकार साहित्यकार समाज का पथ-प्रदर्शक भी है और पथ-निर्माता भी।

8. आज किसी भी व्यक्ति का सबसे अलग एक टापू की तरह जीना संभव नहीं रह गया है। भारत में विभिन्न पंथों और विविध मत-मतांतरों के लोग साथ-साथ रह रहे हैं। ऐसे में यह अधिक ज़रूरी हो गया है कि लोग एक-दूसरे को जानें; उनकी ज़रूरतों को, उनकी इच्छाओं-आकांक्षाओं को समझें; उन्हें तरज़ीह दें और उनके धार्मिक विश्वासों, पद्धतियों, अनुष्ठानों को सम्मान दें। भारत जैसे देश में यह और भी अधिक ज़रूरी है, क्योंकि यह देश किसी एक धर्म, मत या विचारधारा का नहीं है। स्वामी विवेकानंद इस बात को समझते थे और अपने आचार-विचार में अपने समय से बहुत आगे थे। उनका दृढ़ मत था कि विभिन्न धर्मों-संप्रदायों के बीच संवाद होना ही चाहिए। वे विभिन्न धर्मों-संप्रदायों की अनेकरूपता को जायज़ और स्वाभाविक मानते थे। स्वामी जी विभिन्न धार्मिक आस्थाओं के बीच सामंजस्य स्थापित करने के पक्षधर थे और सभी को एक ही धर्म का अनुयायी बनाने के विरुद्ध थे। वे कहा करते थे, ''यदि सभी मानव एक ही धर्म को मानने लगें, एक ही पूजा-पद्धति को अपना लें और एक-सी नैतिकता का अनुपालन करने लगें, तो यह सबसे दुर्भाग्यपूर्ण बात होगी, क्योंकि यह सब हमारे धार्मिक और आध्यात्मिक विकास के लिए प्राणघातक होगा तथा हमें हमारी सांस्कृतिक जड़ों से काट देगा।''

1. **टापू किसे कहते हैं?**

(क) ऐसी जगह, जिसके चारों तरफ़ जल होता है

(ख) ऊँचा टीला

(ग) जंगल

(घ) सघन बस्ती

2. **'टापू की तरह जीने' का क्या आशय है–**

(क) विभिन्न पंथों व मत-मतांतरों के लोगों का एक साथ रहना

(ख) समाज से कटकर एकाकी जीवन जीना

(ग) एक दूसरे की इच्छाओं–आकांक्षाओं को समझना

(घ) जंगल में जाकर तपस्या करना

3. **स्वामी विवेकानंद को अपने समय से बहुत आगे क्यों कहा गया है?**

(क) वे आचार-विचार में बहुत आगे थे

(ख) वे विभिन्न धर्मों संप्रदायों की अनेकरूपता को स्वाभाविक मानते थे

(ग) वे विभिन्न धर्म-संप्रदायों के बीच संवाद अनिवार्य मानते थे

(घ) उन्होंने भावी स्थिति का पूर्वानुमान लगा धार्मिक समन्वयवाद को बढ़ावा दिया

4. **स्वामी जी के मतानुसार सबसे दुर्भाग्यपूर्ण स्थिति क्या होगी–**

(क) जब सभी मानव एक ही धर्म को मानने लगें

(ख) सभी एक ही पूजा-पद्धति को अपना लें

(ग) सभी एक-सी नैतिकता का पालन करने लगें

(घ) उपर्युक्त तीनों

5. 'भारत जैसे देश में यह और भी ज़रूरी है।' क्या ज़रूरी है?

(क) अपने धर्म-संप्रदाय को श्रेष्ठ बताना

(ख) हमें अपनी सांस्कृति जड़ों से काट देना

(ग) अन्य धर्म-संप्रदायों को नकारना

(घ) विभिन्न धर्म-संप्रदायों के मध्य संवाद होना

6. 'अनु' उपसर्ग युक्त शब्द नहीं है–

(क) अनुपालन (ख) अनुष्ठान

(ग) अनुवाद (घ) अनुयायी

7. समास का नाम बताइए– मत-मतांतर

(क) तत्पुरुष (ख) द्विगु

(ग) द्वन्द्व (घ) अव्ययी भाव

8. 'यह देश किसी एक धर्म, मत या विचारधारा का नहीं है'–इस वाक्य का संयुक्त वाक्य होगा–

(क) इस देश में एक धर्म, मत या विचारधारा नहीं है

(ख) यह देश न तो किसी एक धर्म का है और न ही किसी मत या विचारधारा का

(ग) इस देश में एक धर्म नहीं है, इसलिए कोई मत या विचारधारा भी नहीं है

(घ) इस देश में एक धर्म नहीं है और एक मत या विचारधारा भी नहीं है

9. परिच्छेद के आधार पर 'अनुष्ठान' का अर्थ है–

(क) नियमपूर्वक कार्य करना

(ख) धार्मिक कार्य

(ग) कार्य का आरम्भ

(घ) आचार-व्यवहार

10. उपसर्ग व प्रत्यययुक्त शब्द नहीं है–

(क) दुर्भाग्यपूर्ण (ख) नैतिकता

(ग) आध्यात्मिक (घ) सम्मानित

उत्तरमाला

1-(क) ऐसी जगह, जिसके चारों तरफ़ जल होता है, 2-(ख) समाज से कटकर एकाकी जीवन जीना, 3-(घ) उन्होंने भावी स्थिति का पूर्वानुमान लगा धार्मिक समन्वयवाद को बढ़ावा दिया, 4-(घ) उपर्युक्त तीनों, 5-(घ) विभिन्न धर्म-संप्रदायों के मध्य संवाद होना, 6-(ख) अनुष्ठान, 7-(ग) द्वन्द्व, 8-(घ) इस देश में एक धर्म नहीं है और एक मत या विचारधारा भी नहीं है।, 9-(क) नियमपूर्वक कार्य करना, 10-(ख) नैतिकता।

2. वर्ण विचार

किसी भी भाषा में प्रयुक्त होने वाली मूल ध्वनि को **वर्ण** कहते हैं। वर्णों के व्यवस्थित समूह को **वर्णमाला** कहते हैं। हिंदी में उच्चारण के आधार पर 52 वर्ण होते हैं। इनमें 11 स्वर और 41 व्यंजन होते हैं।

स्वर- दो प्रकार के होते हैं-

ह्रस्व स्वर- अ, इ, उ, ऋ (4 वर्ण)

दीर्घ स्वर- आ, ई, ऊ, ए, ऐ, ओ, औ (7 वर्ण)

व्यंजन

स्पर्श व्यंजन- क, ख, ग, घ, ङ
च, छ, ज, झ, ञ
ट, ठ, ड, ढ, ण
त, थ, द, ध, न
प, फ, ब, भ, म
ड़, ढ़ (25 + 2 = 27 वर्ण)

अंतःस्थ व्यंजन- य, र, ल, व (4 वर्ण)

ऊष्म व्यंजन- श, ष, स, ह (4 वर्ण)

आगत व्यंजन- ज़, फ़ (2 वर्ण)

संयुक्त व्यंजन- क्ष, त्र, ज्ञ, श्र (4 वर्ण)

अं (अनुस्वार), अः (विसर्ग), अँ (अनुनासिक)

वस्तुनिष्ठ प्रश्न

1. निम्नलिखित में से अशुद्ध शब्द बताइए-

(क) अनंग (ख) परिहास

(ग) हास्य (घ) व्यंग

2. निम्नांकित में कौन-सा शब्द अशुद्ध है?

(क) अन्यथः (ख) विशेषतः

(ग) सामान्यतः (घ) परिणामतः

3. इनमें कौन-सा शब्द अशुद्ध है?

(क) अनुयायी (ख) राही

(ग) अगामी (घ) स्वामी

4. इनमें कौन-सा शब्द अशुद्ध है?

(क) आवश्यक (ख) आर्शीवाद

(ग) उच्चारण (घ) उत्सुक

प्रश्न 5 से 10 के उत्तर के लिए सही विकल्प का चयन करें।

5. (क) ऋषी (ख) ऋषि

(ग) रिषि (घ) ऋशि

6. (क) विसेषण (ख) विशेशण

(ग) विशेषण (घ) विषेषण

7. (क) युधिष्ठिर (ख) युधिस्टिर

(ग) युधिस्टर (घ) युद्धिष्ठिर

8. (क) वाल्मीकि (ख) बाल्मीकि

(ग) बाल्मीकी (घ) बाल्मिक

9. (क) पारलोकिक (ख) परलोकिक

(ग) पारलौकिक (घ) परलौकिक

10. (क) अतिथी (ख) अतिथि
(ग) अतीथी (घ) आतिथि

प्रश्न 11 से 15 के लिए उचित वर्ण-विच्छेद का चयन कीजिए—

11. अनुबन्ध—
(क) अ + न् + उ + ब् + अ + न् + ध् + अ
(ख) अं + न् + उ + ब + अं + ध् + अ
(ग) आ + न + अं + ब् + ध् + अ
(घ) अ + नं + ब् + अ् + ध् + अ

12. आरक्षण—
(क) आ + र् + च् + छ् + ण् + अ
(ख) आ + र् + अ + क् + ष् + अ + ण् + अ
(ग) अ + र + आ + च् + छ् + ण
(घ) अ + आ + र् + क् + छ् + ण

13. भ्रष्टाचार—
(क) भ् + र् + अ + ष् + ट् + आ + च् + आ + र् + अ
(ख) भ् + र + श + ट + आ + च + आ + र
(ग) भ + ऋ + ष + ट + आ + च + आ + र
(घ) भ + र + इ + ष + ट + आ + चा + र

14. मनोवृत्ति—
(क) म् + न् + उ + व + र + त + त + इ
(ख) म् + अ + न् + ओ + व् + ऋ + त् + त + इ
(ग) म + न + अः + व् + र + त + इ
(घ) म् + न् + अ + ओ + व + र + त + इ

15. यत्किंचित—
(क) य् + त् + इ + न् + च + इ + त + अ
(ख) य् + त् + अ + क + अं + क + इ + त
(ग) य + त्कि + अं + क + इ + त
(घ) य् + अ + त् + क् + इ + ञ् + च् + इ + त् + अ

16. प् + र् + अ + त् + इ + ज् + ञ + आ
(क) परतिज्ञा (ख) प्रतिग्या
(ग) प्रतिज्या (घ) प्रतिज्ञा

17. आ + क् + अ + र् + ष् + अ + ण् + अ
(क) आकर्षण (ख) आर्कषण
(ग) आक्रषण (घ) अकृषण

18. आ + श् + ई + र् + व् + आ + द् + अ
(क) आर्शिवाद (ख) आशीर्वाद
(ग) आर्शीवाद (घ) आशीर्वाद

19. श् + ऋ + अं + ग् + आ + र् + अ
(क) श्रंगार (ख) श्रंगार
(ग) शृंगार (घ) शृंगार

20. त् + र् + इ + न् + ए + त् + र् + अ
(क) तिरनेत्र (ख) त्रिनेत्र्
(ग) त्रिनेतृ (घ) त्रिनेत्र

21. अनुस्वार का उचित प्रयोग वाला शब्द बताइए—
(क) कुआ (ख) चांद
(ग) पंकज (घ) पांच

22. अनुनासिक का उचित प्रयोग किस शब्द में हुआ है—
(क) अँबा (ख) सँपर्क
(ग) साँझ (घ) पँजाब

23. वर्तनी की दृष्टि से अशुद्ध शब्द है—
(क) अन्तर्राष्ट्रीय (ख) प्रदूषण
(ग) बाँसुरी (घ) अंधकार

24. इनमें से ह्रस्व स्वर नहीं है—
(क) ऋ (ख) ए
(ग) अ (घ) उ

25. इनमें से दीर्घ स्वर कौन-सा नहीं है—
(क) ऐ (ख) ऋ
(ग) ओ (घ) ऊ

उत्तरमाला

1-(घ) अनंग, 2-(क) अन्यथः, 3-(ग) अगामी, 4-(ख) आर्शीवाद, 5-(ख) ऋषि, 6-(ग) विशेषण, 7-(क) युधिष्ठिर, 8-(क) वाल्मीकि, 9-(ग) पारलौकिक, 10-(ख) अतिथि, 11-(क) अ + न् + उ + ब् + अ + न् + ध् + अ, 12-(ख) आ + र् + अ + क् + ष् + अ + ण् + अ, 13-(क) भ् + र् + अ + ष् + ट् + आ + च् + आ + र् + अ, 14-(ख) म् + अ + न् + ओ + व् + ऋ + त् + त + इ, 15-(घ) य् + अ + त् + क् + इ + ञ् + च् + इ + त् + अ, 16-(घ) प्रतिज्ञा, 17-(क) आकर्षण, 18-(ख) आशीर्वाद, 19-(ग)शृंगार, 20-(घ) त्रिनेत्र, 21-(ग) पंकज, 22-(ग) साँझ, 23-(क) अन्तर्राष्ट्रीय, 24-(ख) ए, 25-(ख) ऋ।

3. वर्तनी विचार

शब्दों में प्रयुक्त वर्णों के व्यवस्थित क्रम को वर्तनी कहते हैं। वर्तनी के बदलते ही या तो शब्द का अर्थ बदल जाता है या निरर्थक हो जाता है।

उदाहरण– 'राम' शब्द की वर्तनी/मात्रा का स्थान बदलने, मात्रा बदलने या मात्रा हटाने पर अर्थ पूरी तरह परिवर्तित हो जाता है–मरा, मारा, मर, रमा।

वर्तनी दोष

असावधानी, भूल, भ्रम, उच्चारण दोष या क्षेत्रीय प्रभाव के कारण वर्तनी में अनेक दोष आ जाते हैं, जिनमें कुछ दोष निम्नलिखित हैं–

1. बहुवचन की अशुद्धियाँ–

अशुद्ध	शुद्ध
सर्दीयाँ	सर्दियाँ
खिड़कीयाँ	खिड़कियाँ
उल्लूओं	उल्लुओं

2. 'आ' की जगह 'अ' की मात्रा–

अशुद्ध	शुद्ध
संसारिक	सांसारिक
असान	आसान

3. 'अ' की जगह 'आ' की मात्रा–

अशुद्ध	शुद्ध
आधीन	अधीन
अत्याधिक	अत्यधिक

4. 'इ' की जगह 'ई' की मात्रा–

अशुद्ध	शुद्ध
परीचय	परिचय
तिथी	तिथि

5. 'उ' तथा 'ऊ' की मात्रा का दोष–

अशुद्ध	शुद्ध
करूणा	करुणा
बहु	बहू

6. 'ऋ' और 'रि' की अशुद्धि–

अशुद्ध	शुद्ध
रिषि	ऋषि
मात्रभाषा	मातृभाषा

7. 'ए' और 'ऐ' की अशुद्धि–

अशुद्ध	शुद्ध
सेनिक	सैनिक
एतिहासिक	ऐतिहासिक

8. 'ई' और 'इ' की अशुद्धि–

अशुद्ध	शुद्ध
श्रीमति	श्रीमती
पत्नि	पत्नी
कवियत्री	कवयित्री
नायका	नायिका

9. 'ऊ' और 'उ' की अशुद्धि–

अशुद्ध	शुद्ध
हेतू	हेतु
कूआँ	कुआँ
कुप	कूप

10. 'औ' और 'ओ' की अशुद्धि–

अशुद्ध	शुद्ध
त्यौहार	त्योहार
भोगोलिक	भौगोलिक

11. अनुस्वार (ं) और अनुनासिक (ँ) की अशुद्धि–

अशुद्ध	शुद्ध
झांसी	झाँसी
चँदा	चंदा

12. 'ट' और 'ठ'की अशुद्धि–

अशुद्ध	शुद्ध
कनिष्ट	कनिष्ठ
परिशिष्ट	परिशिष्ट

13. 'ड़' और 'ण' की अशुद्धि–

अशुद्ध	शुद्ध
गड़पति	गणपति
गड़ना	गणना

14. 'न' और 'ण' की अशुद्धी–

अशुद्ध	शुद्ध
किरन	किरण
मानिक	माणिक

15. 'ड़' और 'ढ़' की अशुद्धी–

अशुद्ध	शुद्ध
टेड़ा	टेढ़ा
बूड़ा	बूढ़ा

16. 'व' और 'ब' की अशुद्धि–

अशुद्ध	शुद्ध
बसंत	वसंत
बनस्पति	वनस्पति

17. 'स' और 'श' की अशुद्धि–

अशुद्ध	शुद्ध
देस	देश
शुषमा	सुषमा
प्रशाद	प्रसाद
सासन	शासन

18. 'क्ष' और 'छ' की अशुद्धि–

अशुद्ध	शुद्ध
छमा	क्षमा
दीछा	दीक्षा

19. 'ज्ञ' और 'ग्य'अशुद्धिा–

अशुद्ध	शुद्ध
आग्या	आज्ञा
योज्ञ	योग्य
विग्यान	विज्ञान
कृतग्य	कृतज्ञ

20. प्रत्यय संबंधी अशुद्धि–

अशुद्ध	शुद्ध
कौशलता	कुशलता
पौरुषत्व	पुरुषत्व
उद्योगिक	औद्योगिक
इतिहासिक	ऐतिहासिक

वस्तुनिष्ठ प्रश्न

निम्नलिखित में से सही वर्तनी वाले शब्द चुनिए–

1. (क) वीक्षन (ख) परीक्षण (ग) पयर्वेक्षण (घ) परीवीक्षा
2. (क) लच्छन (ख) दक्षण (ग) रक्षन (घ) भक्षण
3. (क) मांत्रालय (ख) यंत्रिक (ग) तांत्रिक (घ) मंत्रि
4. (क) कृपान (ख) क्रपण (ग) कृष्ण (घ) कृपया
5. (क) जिग्यासा (ख) विज्यान (ग) ग्लानि (घ) प्रज्ञाति
6. (क) अनिष्ट (ख) विशिष्ठ (ग) संशिलष्ठ (घ) गरिष्ट
7. (क) मात्रभाषा (ख) वयवस्थित (ग) मूलभुत (घ) जिज्ञासु
8. (क) वस्तुनिष्ट (ख) समयनिष्ठ (ग) स्त्रिष्टा (घ) प्रथ्वी
9. (क) क्लांथ (ख) विश्रांत (ग) परिश्रमिक (घ) शांती
10. (क) अनुभूति (ख) स्फुर्ति (ग) फूर्ती (घ) पुर्ति
11. (क) व्यावहार (ख) व्यावाहर (ग) व्यवहार (घ) व्यावाहर
12. (क) विशिष्ठ (ख) विष्शिठ (ग) विशिष्ट (घ) विषिष्ट

13. (क) वेविध्य (ख) वैविध्य
(ग) वैविधय (घ) वैविध्या

14. (क) विश्लेशण (ख) विश्लेषण
(ग) विष्लेशण (घ) विष्लेषण

15. (क) वास्तुनिष्ट (ख) वस्तूनिष्ट
(ग) वस्तुनिष्ठ (घ) वस्तूनिष्ठ

16. (क) वयाकरण (ख) वयाकर्ण
(ग) वैयाकर्ण (घ) वैयाकरण

17. (क) व्यवहारिक (ख) व्यवसायिक
(ग) व्यापारिक (घ) विवाहिक

प्रश्न संख्या 18 से 23 में रिक्त स्थान की पूर्ति शुद्ध वर्तनी वाले शब्दों से कीजिए–

18. शारीरिक ____________ के लिए प्रात:कालीन भ्रमण अत्यंत लाभप्रद है।
(क) आरोग (ख) आरोग्र
(ग) आरोग्य (घ) अरोग्य

19. रोग से लड़ने में ____________ की महत्वपूर्ण भूमिका होती है।
(क) जीजीविषा (ख) जिजीविषा
(ग) जिजिविषा (घ) जिजीविशा

20. माता-पिता अपने बच्चों के ____________ भविष्य की कामना करते हैं।
(क) उजवल (ख) उज्जवल
(ग) उजज्वल (घ) उज्ज्वल

21. जहाँ आत्मीयता हो, वहाँ ____________ नहीं होती।
(क) औपचारिकता (ख) उपचारिकता
(ग) औपचारीकता (घ) उपचारिक्ता

22. रात-दिन ____________ करके उसने परीक्षा में सफलता प्राप्त की।
(क) अध्यन (ख) अध्ययन
(ग) अध्धयन (घ) आध्यन

23. सैनिक देश की रक्षा करते हुए ____________ कष्टों की परवाह नहीं करते।
(क) वैयक्तिक (ख) वैयक्क्तिक
(ग) वियक्तिक (घ) वैयक्तीक

प्रश्न संख्या 24 से 30 तक शुद्ध वर्तनी युक्त शब्द चुनिए–

24. (क) जयोत्सना (ख) ज्योतस्ना
(ग) ज्योत्स्ना (घ) जयोत्यपस

25. (क) सुसुप्ति (ख) सुशुप्ति
(ग) सुस्पति (घ) सुषुप्ति

26. (क) सचिदानंद (ख) सच्चीदानंद
(ग) सच्चिदानंद (घ) सचीदानंद

27. (क) कोश्ठ (ख) क्षुधा
(ग) परिशद (घ) पाठसाला

28. (क) रचयिता (ख) अतिथी
(ग) अहार (घ) गध्यांश

29. (क) दुरवस्था (ख) दुर्वस्था
(ग) दुरवस्था (घ) दुरावस्था

30. (क) अहार (ख) अंत:कथा
(ग) अभिसेक (घ) तादातम्य

उत्तरमाला

1-(ख) परीक्षण, 2-(घ) भक्षण, 3-(ग) तांत्रिक, 4-(घ) कृपया, 5-(ग) ग्लानि, 6-(क) अनिष्ट, 7-(घ) जिज्ञासु, 8-(ख) समयनिष्ठ, 9-(ख) विश्रांत, 10-(क) अनुभूति, 11-(ग) व्यवहार, 12-(ग) विशिष्ट, 13-(ख) वैविध्य, 14-(ख) विश्लेषण, 15-(ग) वस्तुनिष्ठ, 16-(घ) वैयाकरण, 17-(ग) व्यापारिक, 18-(ग) आरोग्य, 19-(ख) जिजी विषा, 20-(घ) उज्ज्वल, 21-(क) औपचारिकता, 22-(ख) अध्ययन, 23-(क) वैयक्तिक, 24-(ग) ज्योत्स्ना, 25-(घ) सुषुप्ति, 26-(ग) सच्चिदानंद, 27-(ख) क्षुधा, 28-(क) रचयिता, 29-(घ) दुरावस्था, 30-(ख) अंत:कथा।

4. शब्द भेद

प्रत्येक भाषा में शब्दों की संख्या आसीमित होती है। हिंदी भाषा में अनेक प्रकार के शब्दों का प्रयोग किया जाता है। इनमें बहुत से शब्द संस्कृत, विदेशी भाषाओं तथा हिंदी की विभिन्न बोलियों से आए हैं। अत: हिंदी भाषा में तरह-तरह के शब्दों का भंडार है, जिनका वर्गीकरण निम्नलिखित आधारों पर किया जाता है–

शब्दों का वर्गीकरण

1. **स्रोत/उत्पत्ति के आधार पर–** शब्दों का स्रोत (उद्‌गम स्थान) उस भाषा को माना जाता है, जिससे किसी शब्द की उत्पत्ति हुई है। उत्पत्ति के आधार पर हिंदी में पाँच प्रकार के शब्द पाए जाते हैं-

   (i) **तत्सम शब्द-** संस्कृत भाषा के वे शब्द, जो हिंदी में बिना किसी परिवर्तन के ज्यों का त्यों ले लिए गए है।

   जैसे- सूर्य, मयूर, आम्र, कर्म, मस्तक आदि।

   (ii) **तद्‌भव शब्द-** वे शब्द जो संस्कृत शब्दों में थोड़े बहुत परिवर्तन के साथ विकसित हुए हैं या उनके परिवर्तित रूप हैं।

   जैसे- हाथ, रात, काठ, पंछी, हड्‌डी आदि।

   (iii) **देशज या देशी शब्द-** वे शब्द, जिनका स्रोत हिंदी की बोलियाँ तथा ग्रामीण अंचल है अर्थात् ग्रामीण क्षेत्रों तथा बोली क्षेत्रों से हिंदी में आए शब्द।

   जैसे- पगड़ी, शीशा, फटाफट, डिबिया, ठोकर आदि।

   (iv) **आगत/विदेशी शब्द-** 'आगत' का अर्थ है-आया हुआ। जो शब्द अंग्रेज़ी, अरबी, फारसी, तुर्की, पुर्तगाली आदि विदेशी भाषाओं से हिंदी में आए हैं।

   जैस– अंग्रेज़ी- स्कूल, डॉक्टर, बस, पेंसिल।

   अरबी- ख़त, ख़जाना, औरत, ज़मीन।

   फारसी- प्याज, बाज़ार, जहाज़, ज़मीन।

   तुर्की- कैची, चम्मच, बेगम, चाकू।

   (v) **संकर शब्द-** जो शब्द दो भिन्न भाषाओं के मेल से बनते है, संकर शब्द कहलाते हैं।

   जैसे- कपड़ा + मिल = कपड़ामिल (हिंदी + अंग्रेज़ी)

   रेल + गाड़ी = रेलगाड़ी (अंग्रेज़ी + हिंदी)

   बे + डौल = बेडौल (फ़ारसी + हिंदी)

   तहसील + दार = तहसीलदार (अरबी + फ़ारसी)

2. **रचना के आधार पर–** भाषा में रचना की दृष्टि से दो प्रकार के शब्द होते हैं- (क) मूल शब्द, (ख) दो मूल शब्दों के मेल से बनने वाले शब्द।

   इस आधार पर शब्दों के तीन भेद हैं-

   (i) **रूढ़ शब्द-** परंपरा से चले आ रहे ऐसे शब्द, जिनके सार्थक टुकड़े नहीं किए जा सकते।

   जैसे- घर, गाँव, वायु, फूल, आदमी आदि।

   (ii) **यौगिक शब्द-** दो या दो से अधिक शब्दों के मेल से बनने वाले वे शब्द, जिनके सार्थक खंड किए जा सकते हैं।

   जैसे- राजनगर = राजा + नगर

पुस्तकालय = पुस्तक + आलय

रसोईघर = रसोई + घर

राष्ट्रपति = राष्ट्र + पति

(iii) **योग रूढ़ शब्द–** जो शब्द दो या दो से अधिक शब्दांशों/शब्दों से मिलकर बने हैं, किंतु इनका प्रयोग सामान्य अर्थ के लिए न होकर किसी विशेष अर्थ के लिए होता है–

दशानन = दस + आनन (रावण)

रंगभूमि = रंग + भूमि (नाटक का स्थान)

लंबोदर = लंबा + उदर (गणेश)

पंकज = पंक + ज (कमल)

3. **शब्द विकार/प्रयोग के आधार पर–** हिंदी में कुछ शब्द ऐसे हैं, जिनका वाक्य में प्रयुक्त होने पर रूप परिवर्तित हो जाता है या उनमें विकार उत्पन्न हो जाता है; जबकि कुछ शब्दों में किसी प्रकार का परिवर्तन नहीं होता। इस आधार पर शब्दों के दो भेद किए जाते हैं–

(i) **विकारी शब्द–** ऐसे शब्द जिनमें वाक्य में प्रयुक्त होने पर विकार उत्पन्न होता है। हिंदी में विकारी शब्दों के अंतर्गत संज्ञा, सर्वनाम, विशेषण तथा क्रिया शब्द आते हैं। जैसे–

लड़का (संज्ञा) – लड़के, लड़कों (विकारी रूप)

वह (सर्वनाम) – उसे, उसने उसको (विकारी रूप)

मीठा (विशेषण) – मीठी, मीठे (विकारी रूप)

लिखना (क्रिया) – लिखा, लिखे, लिखेगा, लिखूँ (विकारी रूप)

(ii) **अविकारी शब्द–** ऐसे शब्द, जो वाक्य में प्रयुक्त होने पर भी परिवर्तित नहीं होते। इस वर्ग में क्रिया विशेषण, संबंधबोधक, समुच्चयबोधक, विस्मयादिबोधक तथा निपात आते हैं। जैसे–

क्रिया विशेषण– आज, कल, इधर, उधर, अभी, जल्दी, थोड़ा

संबंधबोधक– के आगे, बिना, सिवा, के ऊपर, पर, का

समुच्चयबोधक– और, एवं, तथा, व, या, किंतु, इसलिए

विस्मयादिबोधक– अरे!, वाह!, आह!, छि!, शाबाश!, हाय!

निपात– ही, तक, भी, तो

4. **अर्थ के आधार पर–** अर्थ के आधार पर शब्दों को एकार्थी, अनेकार्थी, पर्यायवाची, विपरीतार्थी, समरूपी भिन्नार्थी, वाक्यांश बोधक आदि वर्गों में विभाजित किया जाता है।

(i) **एकार्थी शब्द–** वे शब्द, जिनका केवल एक ही अर्थ होता है।

जैसे– घर, मेज, भारत, गुरुवार, जनवरी आदि।

(ii) **अनेकार्थी शब्द–** इन शब्दों के एक से अधिक अर्थ होते हैं।

जैसे– अंबर– वस्त्र, आकाश, अंबर

अंश– हिस्सा, कोण का भाग, किरण

उत्तर– जवाब, एक दिशा का नाम

हंस– आत्मा, गुरु, एक पक्षी का नाम, सूर्य

(iii) **पर्यायवाची शब्द–** पर्यायवाची शब्दों का अर्थ लगभग समान होता है। इन्हें समानार्थी शब्द भी कहते हैं। जैसे–

पत्ता– पात, दल, पर्ण, पत्र

युद्ध- समर, लड़ाई, संग्राम, रण

लहू- रक्त, खून, शोणित, रुधिर

पुष्प- फूल, कुसुम, प्रसून, पुहुप

(iv) **विलोम शब्द-** परस्पर विपरीत/उल्टे अर्थ का बोध कराने वाले शब्द विलोम शब्द कहलाते हैं। जैसे–

जय - पराजय

यश - अपयश

गुण - अवगुण

जाग्रत - सुप्त

(v) **समरूपी भिन्नार्थक शब्द-** ये शब्द उच्चारण के स्तर पर एक समान प्रतीत होते हैं, लेकिन अर्थ भिन्न होते हैं। इन्हें श्रुतिसम भिन्नार्थी शब्द भी कहते हैं। जैसे–

अंश	-	हिस्सा	गुर	-	उपाय
अंस	-	कंधा	गुरु	-	शिक्षक
नारी	-	स्त्री	प्रहार	-	हमला
नाड़ी	-	नस	परिहार	-	त्याग

(v) वाक्यांश बोधक शब्द- अनेक शब्दों या वाक्यांश के स्थान पर प्रयुक्त होने वाले शब्दों को वाक्यांशबोधक शब्द कहते हैं। जैसे–

प्रतिदिन होने वाला	- दैनिक
सौ वर्ष का समय	- शताब्दी
काम से जी चुरानेवाला	- कामचोर
सब कुछ जानने वाला	- सर्वज्ञ

वस्तुनिष्ठ प्रश्न

निम्नलिखित प्रश्नों के उत्तर उचित विकल्प चुनिए–

1. संस्कृत के ऐसे शब्द जिसे हम ज्यों का त्यों प्रयोग में लाते हैं, वे कहलाते हैं–

(क) तत्सम (ख) तद्भव
(ग) देशज (घ) विदेशी

2. निम्नलिखित में रूढ़ शब्द कौन-सा है?

(क) पुस्तकालय (ख) पंचानन
(ग) महापुरुष (घ) पशु

3. शब्द रचना के आधार पर बताइए कि कौन-सा शब्द योगरूढ़ है?

(क) कुर्सी (ख) शिक्षक
(ग) जलज (घ) कुशल

4. 'मस्तक' निम्नलिखित वर्गों में से किस वर्ग में आता है?

(क) विदेशी (ख) देशी
(ग) तत्सम (घ) तद्भव

5. 'डॉक्टर' शब्द है–

(क) तत्सम (ख) तद्भव
(ग) देशी (घ) विदेशी

6. निम्नलिखित में कौन-सा शब्द देशज है?

(क) खेत (ख) लोटा
(ग) सूर्य (घ) शिक्षा

7. प्रयोग की दृष्टि से सूक्ष्म अंतर व्यक्त करने वाले शब्द कहलाते हैं–

(क) प्रयोगात्मक (ख) अनेकार्थक
(ग) समानार्थक (घ) एकार्थक

8. जिस शब्द के सार्थक खंड हो सके, उन्हें क्या कहते हैं?

(क) रूढ़ (ख) यौगिक
(ग) योगरूढ़ (घ) मिश्रित

9. **अर्थ की दृष्टि से शब्द भेद नहीं है–**

(क) एकार्थी (ख) पर्यायवाची
(ग) अनेकार्थी (घ) तत्सम

10. **विकारी शब्द नहीं है–**

(क) संज्ञा (ख) विशेषण
(ग) क्रिया विशेषण (घ) क्रिया

11. **अविकारी शब्द है–**

(क) संबंधबोधक (ख) विशेषण
(ग) सर्वनाम (घ) क्रिया

12. **विकारी शब्दों की रचना किसके आधार पर बदल जाती है?**

(क) लिंग (ख) वचन
(ग) कारक (घ) उपर्युक्त तीनों

13. **इसमें किसे शब्द कहेंगे–**

(क) चमकदार (ख) मचकदार
(ग) कमचदार (घ) मकचदार

प्रश्न संख्या 14 से 17 के लिए उचित अनेकार्थी शब्द चुनिए–

14. **'हमें समय से आय 'कर' जमा करना चाहिए–**

(क) हाथ (ख) हाथी की सूँड
(ग) किरण (घ) टैक्स

15. **मेरे मित्र का 'पत्र' आया है।**

(क) पत्ता (ख) चिट्ठी
(ग) भोजपत्र (घ) पंख

16. **यह 'मधु' मक्खियों का छत्ता है।**

(क) शराब (ख) मादक
(ग) शहद (घ) मीठा

17. **तुम्हारी 'प्रकृति' अच्छी नहीं है।**

(क) स्वभाव (ख) कुदरत
(ग) प्राकृतिक मौसम (घ) रहन-सहन

18. **अनेकार्थी शब्दों के अर्थ में से वह शब्द चुनिए, जो दिए गए शब्द का अर्थ नहीं है- कनक**

(क) गेहूँ (ख) धान
(ग) सोना (घ) धतूरा

19. **'सूक्ष्म' का विलोम शब्द है–**

(क) अदृश्य (ख) विशाल
(ग) लघु (घ) स्थूल

20. **'बहिरंग' का विलोम शब्द है–**

(क) अंतरंग (ख) रंगारंग
(ग) जलतरंग (घ) अधिरंग

21. **'चंद्रमा' का पर्यायवाची शब्द नहीं है–**

(क) रजनीकर (ख) दिवाकर
(ग) निशिकर (घ) शशि

22. **'गंगा' का पर्यायवाची है–**

(क) तरंगिणी (ख) सरिता
(ग) मंदाकिनी (घ) तरणि

23. **'सब लोगों से संबंध रखने वाला' वाक्यांश के लिए उचित शब्द है–**

(क) सार्वकालिक (ख) सार्वभौमिक
(ग) सार्वदेशिक (घ) सार्वजनिक

24. **'तुम तो हो ही अत्यन्त बुद्धिमान' में निपात है–**

(क) तो (ख) ही
(ग) अत्यन्त (घ) क और ख दोनों

25. **'संकर' शब्द का उदाहरण नहीं है–**

(क) बसअड्डा (ख) टिकट घर
(ग) रसोईघर (घ) वर्षगाँठ

उत्तरमाला

1-(क) तत्सम, 2-(घ) पशु, 3-(ग) जलज, 4-(ग) तत्सम, 5-(घ) विदेशी, 6-(ख) लोटा, 7-(ग) समानार्थक, 8-(ख) यौगिक, 9-(घ) तत्सम, 10-(ग) क्रिया विशेषण, 11-(क) संबंधबोधक, 12-(घ) उपर्युक्त तीनों, 13-(क) चमकदार, 14-(घ) टैक्स, 15-(ख) चिट्ठी, 16-(ग) शहद, 17-(क) स्वभाव, 18-(ख) धान, 19-(घ) स्थूल, 20-(क) अंतरंग, 21-(ख) दिवाकर, 22-(ग) मंदाकिनी, 23-(घ) सार्वजनिक, 24-(घ) क और ख दोनों, 25-(ग) रसोईघर।

5. हिंदी व्याकरण

किसी भाषा को शुद्ध रूप में लिखने और बोलने संबंधी नियमों का बोध कराने वाला शास्त्र व्याकरण है। प्रत्येक भाषा की समुचित व्यवस्था के लिए व्याकरण की आवश्यकता होती है। भाषा के शुद्ध ज्ञान एवं शुद्ध प्रयोग के लिए उस भाषा के व्याकरण का ज्ञान आवश्यक है। 'व्याकरण' भाषा कानून की वह पुस्तक है, जो भाषा का नियमन करता है।

संज्ञा- जिसका अस्तित्व होता है या होने की कल्पना की जाती है, उसे **'संज्ञा'** कहते हैं। किसी व्यक्ति, वस्तु, स्थान, भाव, जाति के नाम को ही संज्ञा कहते हैं। जैसे:- लड़का (जाति), भारत (स्थान), मिठास (भाव), पुस्तक (वस्तु), गंगा (व्यक्ति) आदि। संज्ञा के पाँच भेद हैं–

(क) व्यक्तिवाचक (ख) जातिवाचक (ग) भाव वाचक (घ) समूह वाचक और (च) द्रव्यवाचक।

- एक व्यक्ति या वस्तु का बोध कराने वाले शब्द को **व्यक्तिवाचक संज्ञा** कहते हैं। जैसे- राम, मोहन, गौतम, कामायनी, साकेत, सूर्य, आकाश, दिल्ली, मेरठ आदि।
- व्यक्तियों या व्यक्तियों की जाति का बोध कराने वाले शब्द को 'जाति वाचक संज्ञा' कहते हैं। जैसे- **मनुष्य**–लड़का, लड़की, बाल, युवा, वृद्ध आदि। **पशु-पक्षी–** हाथी, घोड़ा, गाय, कबूतर, मोर, कुत्ता आदि। **वस्तु–** घर, घड़ी किताब, महल आदि। **पद या व्यवसाय–** मन्त्री, शिक्षक, किसान, क्लर्क आदि। **प्राकृतिक तत्त्व–** वर्षा, विद्युत, तूफान, बवण्डर आदि।
- जिन शब्दों से किसी द्रव्य या पदार्थ का बोध होता है, उन्हें **द्रव्य वाचक संज्ञा** कहते हैं। जैसे– *चाँदी, सोना, लोहा, पीतल, दूध, तेल, पानी* आदि।
- जिन शब्दों से व्यक्ति या वस्तु के गुणों का बोध होता है, उन्हें 'भाववाचक संज्ञा' कहते हैं। जैसे– *प्रेम, दया, घृणा, शत्रुता, ईर्ष्या* आदि।
- जिन शब्दों से एक ही जाति के व्यक्तियों या वस्तुओं के समूह का बोध होता है, उन्हें **समूहवाचक संज्ञा** कहते हैं। जैसे– *दल, गिरोह, झुण्ड, गुच्छा* आदि।

संज्ञा की रूप रचना के तीन आधार हैं– लिंग, वचन और कारक।

लिंग

संज्ञा के जिस रूप से किसी व्यक्ति या वस्तु के बारे में यह बोध हो कि वह पुरुष जाति का है या स्त्री जाति का, उसे **'लिंग'** कहते हैं। **लिंग** का अर्थ है चिह्न या पहचान। हिन्दी भाषा में दो लिंग होते हैं– पुलिंग और स्त्रीलिंग।

- खटमल, तिलचट्टा, उल्लू, पक्षी, कौआ आदि नित्य पुलिंग हैं। यदि इन्हें स्त्रीलिंग में प्रयुक्त करना हो, तो लिंग भेद के लिए **'मादा'** और पुलिंग में बदलने के लिए **नर** शब्द जोड़ना पड़ता है। जैसे– मादा उल्लू (स्त्रीलिंग), नर उल्लू (पुलिंग)। मछली, तितली, जोंक, बटेर आदि नित्य (हमेशा) स्त्रीलिंग होते हैं।

वचन

संज्ञा के जिस रूप से किसी व्यक्ति या वस्तु के बारे में उसके एक या अधिक की संख्या में होने का बोध होता है, उसे **वचन** कहते हैं। हिन्दी में दो **वचन** हैं– एक वचन और बहुवचन। **प्रत्येक** तथा **हर एक** शब्द का बहुवचन नहीं होता। प्राण, लोग, दर्शन, आँसू का प्रयोग सदा बहुवचन के रूप में होता है। द्रव्य वाचक संज्ञा का प्रयोग सदा एक वचन में होता है। जैसे– सोना, चाँदी, धन, तेल, लोहा आदि।

कारक

संज्ञा या सर्वनाम के जिस रूप से क्रिया के साथ सम्बन्ध सूचित हो, उसे **कारक** कहते हैं। **कारक** के आठ भेद हैं और उसकी विभक्तियाँ या संकेत चिह्न भी आठ हैं–

	कारक	विभक्ति चिह्न		कारक	विभक्ति चिह्न
1.	कर्ता	ने	2.	कर्म	को
3.	करण	से, के द्वारा	4.	सम्प्रदान	को, के लिए
5.	अपादान	से (अलग होने का भाव)	6.	सम्बन्ध	का, की, के, रा, री, रे
7.	अधिकरण	में, पर	8.	सम्बोधन	हे, अजी, अरे

सर्वनाम

जो शब्द सभी संज्ञाओं के बदले पूर्वापर सम्बन्ध के साथ प्रयुक्त होते हैं, उन्हें **सर्वनाम** कहते हैं।

हिन्दी में ग्यारह प्रमुख सर्वनाम शब्द हैं– वह, तुम, मैं, आप, यह, जो, कोई, कुछ, कौन, क्या, सब।

सर्वनाम के छः भेद हैं– 1. पुरुष वाचक, 2. निश्चय वाचक, 3. अनिश्चय वाचक, 4. निज वाचक, 5. सम्बन्ध वाचक और 6. प्रश्न वाचक।

सर्वनामों की रूप रचना पुरुष, वचन और कारक के आधार पर होती है।

पुरुष का अर्थ है– व्यक्ति। बातचीत में प्रायः तीन व्यक्ति होते हैं– एक बोलने वाला, दूसरा सुनने वाला या जिससे वार्ता की जाये और तीसरा अन्य व्यक्ति या वस्तु, जिसके बारे में बात की जाये।

पुरुष- बोलने वाला **उत्तम पुरुष**, जिससे बोला या बात की जाये, वह **मध्यम पुरुष** और जिस अन्य व्यक्ति या वस्तु की बात की जाये, उसे **अन्य पुरुष** कहते हैं।

उत्तम पुरुष है– मैं, मध्यम पुरुष है– तू, तुम, आप और अन्य पुरुष है– यह, वह, कौन, कोई।

वचन– वाक्य के अन्तर्गत सर्वनाम जिस संज्ञारूप के बदले में प्रयुक्त होता है, उसी के अनुसार सर्वनाम का वचन भी होता है। सर्वनाम के वचन के अनुसार ही क्रियापद का भी वचन रखा जाता है।

आदरार्थ 'आप' एक वचन होते हुए भी बहुवचन के रूप में प्रयोग किया जाता है और उसके साथ क्रिया भी बहुवचन की ही प्रयोग की जाती है।

कारक– सर्वनाम के कारकरूप समान नहीं हैं। विभिन्न सर्वनामों के अलग-अलग कारक रूप होते हैं।

विशेषण

जो शब्द संज्ञा या सर्वनाम की विशेषता बतलाते हैं, उन्हें **'विशेषण'** कहते हैं। **विशेषण** द्वारा जिस संज्ञा या सर्वनाम की विशेषता बताई जाती है, उसे **विशेष्य** कहते हैं।

विशेषण चार प्रकार के हैं– 1. गुणवाचक, 2. संख्या वाचक, 3. परिमाणवाचक और 4. सार्वनामिक या सांकेतिक विशेषण।

क्रिया

जिन शब्दों से किसी कार्य का होना या करना पाया जाता है; उन्हें क्रिया कहते हैं। जैसे– उठना, बैठना, पढ़ना, लिखना, खाना, पीना आदि।

क्रियाएँ दो प्रकार की होती हैं– 1. मूल 2. यौगिक।

- **मूल क्रिया** की रचना धातु से होती है। जैसे– 'चल्' धातु से चलना, 'पठ्' धातु से पढ़ना। इसी प्रकार चला, चली, चलें, चलेंगे, चलूँगी तथा पढ़ा, पढ़ी, पढ़े, पढ़ेंगे, पढ़ूँगी आदि।
- **यौगिक क्रिया** एक से अधिक रचनातत्त्वों के योग से बनती है। जैसे– सो जाना, आरम्भ करना, लिखवाना, खट-खटाना, पढ़वाना, बँचवाना आदि।
- कर्म के आधार पर क्रिया के दो भेद हैं– 1. अकर्मक क्रिया 2. सकर्मक क्रिया।
- जिन क्रियाओं के प्रयोग में कर्म की आवश्यकता नहीं होती अर्थात् कर्ता द्वारा की जाने वाली क्रिया का फल जब कर्ता पर ही पड़े, तो वह **'अकर्मक क्रिया'** कही जाती है।

- जिस क्रिया का फल **कर्म** पर पड़े, उसे 'सकर्मक क्रिया' कहते हैं। जैसे–बालक चित्र बनाता है। इस वाक्य में **कर्ता** बालक है, किन्तु उसके द्वारा किये गये कार्य का फल चित्र पर पड़ता है, अत: **बनाता है** सकर्मक क्रिया है।
- यौगिक क्रियाएँ चार प्रकार की होती हैं– 1. प्रेरणार्थक, 2. संयुक्त, 3. नाम धातु, और 4. सहायक क्रियाएँ।

काल

काल का अर्थ है– **समय**। क्रिया के जिस रूप से किसी कार्य के सम्पन्न होने के समय का बोध होता है, उसे **काल** कहते हैं। काल के तीन रूप हैं–1. भूतकाल, 2. वर्तमान काल 3. भविष्य काल।

- **भूतकाल** के भी छ: भेद हैं– 1. सामान्य भूत, 2. आसन्न भूत, 3. अपूर्ण भूत, 4. पूर्ण भूत, 5. सन्दिग्ध भूत और 6. हेतु हेतुमद् भूत।
- **वर्तमान काल** के तीन भेद हैं– 1. सामान्य वर्तमान, 2. अपूर्ण वर्तमान 3. सन्दिग्ध वर्तमान।

अव्यय या अविकारी शब्द

वाक्य में प्रयुक्त होने पर जिन शब्दों का रूप परिवर्तित नहीं होता, ज्यों का त्यों बना रहता है, उन्हें **'अव्यय'** या **'अविकारी'** शब्द कहते हैं। ये चार प्रकार के होते हैं– 1. क्रिया विशेषण, 2. सम्बन्ध बोधक, 3. योजक या समुच्चय बोधक 4. विस्मयादि बोधक।

- जिस शब्द से क्रिया की विशेषता का बोध होता है, उसे **'क्रिया-विशेषण'** कहते हैं। जैसे– **धीरे** चलो, **तेज** मत दौड़ो आदि।
- जो **अव्यय** संज्ञा या सर्वनाम के बाद प्रयुक्त होकर वाक्य के अन्तर्गत प्रयुक्त दूसरे शब्दों से उसका सम्बन्ध बतलाते हैं, उन्हें **'परसर्ग या सम्बन्ध बोधक'** कहते हैं। जैसे– राम **का** भाई श्याम-वाक्य में राम और श्याम का सम्बन्ध **'का'** द्वारा निर्धारित होता है। अत: यहाँ **सम्बन्ध बोधक** अव्यय है। जैसे– पेड़ **के ऊपर** बंदर बैठा है– वाक्य में बंदर और पेड़ का संबंध 'के ऊपर' द्वारा निर्धारित होता है। अत: यहाँ संबंधबोधक है।
- जिन अव्ययों द्वारा दो शब्दों या वाक्यांशों या वाक्यों को जोड़ा जाता है, उन्हें **संयोजक** या **समुच्चय बोधक** अव्यय कहते हैं। जैसे– और, तथा, एवं, इसलिए, क्योंकि आदि। वह बीमार था, इसलिए डॉक्टर के पास गया।
- जिन अव्ययों से विस्मय, हर्ष, विषाद, शोक, घृणा, आदि भावों का बोध होता है, उन्हें **विस्मयादि बोधक** अव्यय कहते हैं। जैसे– अरे! ओ हो! क्या! शाबाश! खूब! वाह! अहा! इत्यादि।

वस्तुनिष्ठ प्रश्न

1. वस्तुओं का नाम बताने वाले को कहते हैं?

(क) संज्ञा (ख) सर्वनाम
(ग) विशेषण (घ) अव्यय

2. कौन-सा शब्द जातिवाचक संज्ञा के अन्तर्गत है?

(क) कामायनी (ख) सुशील
(ग) डॉक्टर (घ) बुढ़ापा

3. निम्नलिखित में कौन-सा शब्द भाववाचक संज्ञा के अन्तर्गत है?

(क) मोहन (ख) नदी
(ग) अयोध्या (घ) हरियाली

4. अमीरी, गरीबी, जवानी, बुढ़ापा आदि शब्द किस संज्ञा के अन्तर्गत हैं?

(क) भाववाचक (ख) जातिवाचक
(ग) समूहवाचक (घ) व्यक्तिवाचक

5. 'बच्चा' शब्द के लिए भाववाचक संज्ञा क्या है?

(क) बचपन (ख) बचपना
(ग) बालपन (घ) बालकपन

6. निम्नलिखित में कौन-सा कथन सही नहीं है?

(क) संज्ञा शब्द अविकारी होते हैं।
(ख) संज्ञा शब्द लिंग व वचन के अनुसार परिवर्तित होते हैं।
(ग) द्रव्यवाचक संज्ञा को पदार्थवाचक संज्ञा भी कहते हैं।
(घ) माप या तौल होने वाले शब्द द्रव्यवाचक संज्ञा हैं।

7. **निम्नलिखित में स्त्रीलिंग शब्द है–**
(क) नगर (ख) ऋतु
(ग) सोमवार (घ) चैत

8. **निम्नलिखित में पुलिंग शब्द है–**
(क) दया (ख) घटना
(ग) जड़ता (घ) बुढ़ापा

9. **'पापी' शब्द का स्त्रीलिंग क्या होगा?**
(क) पापिनी (ख) पापिन
(ग) दुश्चरित्रिणी (घ) कुलटा

10. **'ठाकुर' शब्द का स्त्रीलिंग क्या है?**
(क) ठकुरानी (ख) ठाकुरिन
(ग) ठकुराइन (घ) इनमें से कोई नहीं

11. **निम्नलिखित में किस वाक्य में वचन का सही प्रयोग हुआ है?**
(क) मेरी तो होश उड़ गयी
(ख) हमारे तो होश उड़ गयी
(ग) मेरे तो होश उड़ गये
(घ) मैं तो होश उड़ गयी

12. **निम्नलिखित में कौन-सा शब्द सदैव बहुवचन होता है?**
(क) पहिया (ख) आत्मा
(ग) दर्शन (घ) टिकट

13. **'मैं' का बहुवचन निम्नलिखित में से कौन-सा सही है?**
(क) मुझे (ख) हमें
(ग) इसको (घ) हम

14. **हिन्दी में कारकों की संख्या है–**
(क) आठ (ख) दस
(ग) बारह (घ) चौदह

15. **'राम ने बाण से बालि को मारा' इस वाक्य में 'बाण से' में कौन-सा कारक है?**
(क) कर्म कारक (ख) सम्प्रदान कारक
(ग) करण कारक (घ) अपादान कारक

16. **'कारक' किसे कहते है?**
(क) वे शब्द जो कार्य करने के सूचक हों।
(ख) संज्ञा का कर्मवाची शब्द।
(ग) जिससे संज्ञा या सर्वनाम का क्रिया से सम्बन्ध सूचित हो।
(घ) संज्ञा या सर्वनाम के कार्यवाची चिह्न।

17. **विभक्ति किसे कहते हैं?**
(क) क्रिया से पूर्व लगने वाले चिह्न।
(ख) संज्ञा या सर्वनाम के आगे लगने वाले चिह्न।
(ग) संज्ञा की विशेषता बताने वाले प्रत्यय।
(घ) शब्द के बाद लगने वाले प्रत्यय।

18. **'करण' कारक का विभक्तिबोधक चिह्न है–**
(क) के लिए (ख) के वास्ते
(ग) से, के द्वारा (घ) का, की के

19. **निम्नलिखित में पुरुषवाचक सर्वनाम के अन्तर्गत कौन-सा शब्द रखा जा सकता है?**
(क) स्वयं (ख) यह
(ग) हम (घ) कोई

20. **'मैं अपने-आप काम कर लूँगा'– इस वाक्य में प्रयुक्त आप शब्द किस सर्वनाम के अन्तर्गत आयेगा?**
(क) पुरुषवाचक (ख) निजवाचक
(ग) सम्बन्धवाचक (घ) निश्चयवाचक

21. **'जिसकी लाठी उसकी भैंस' में जिसकी और उसकी कौन-सा सर्वनाम हैं?**
(क) सम्बन्धवाचक सर्वनाम
(ख) पुरुषवाचक सर्वनाम
(ग) निजवाचक सर्वनाम
(घ) निश्चयवाचक सर्वनाम

22. **निम्नलिखित में कौन-सा शब्द अनिश्चयवाचक है?**
(क) क्या (ख) कुछ
(ग) कौन (घ) वही

23. **निम्नलिखित में कौन-सा शब्द निश्चयवाचक सर्वनाम है?**
(क) कोई (ख) क्या
(ग) यह (घ) कहाँ

24. **'मानव' शब्द का सही विशेषण इनमें से कौन है?**
(क) मानवता (ख) मनुष्य
(ग) मानवीय (घ) मानकीकरण

25. **'वह बहुत तेज दौड़ रहा था'– इस वाक्य में 'प्र-विशेषण' क्या है?**
(क) बहुत तेज (ख) तेज
(ग) बहुत (घ) इनमें से कोई नहीं

26. **निम्नलिखित में विशेषण की दृष्टि से कौन-सा वाक्य अशुद्ध है?**

(क) ये रसगुल्ले मीठे हैं।

(ख) तुम्हारे पास कितना चाँदी है।

(ग) कक्षा में वहाँ कितने लड़के हैं।

(घ) उसकी किताब अच्छी है।

27. 'विशेषण' किस शब्द की विशेषता बतलाता है?

(क) संज्ञा की

(ख) सर्वनाम की

(ग) संज्ञा और सर्वनाम की

(घ) कारक की

28. जिस शब्द की विशेषता बतायी जाती है, उस शब्द को व्याकरण की भाषा में क्या कहते हैं?

(क) विधेय (ख) विशेषण

(ग) विशेष्य (घ) प्रविशेषण

29. क्रिया के मूल रूप को कहते हैं–

(क) क्रिया (ख) धातु

(ग) कर्ता (घ) कर्म

30. किस वाक्य में सकर्मक क्रिया है?

(क) बालक पढ़ता है

(ख) राम सो चुका

(ग) गोपाल पानी लाओ

(घ) अध्यापक कक्षा से चले गए

31. 'वह रमेश से पत्र लिखवाता है'– इस वाक्य में 'लिखवाता है' क्रिया का कौन-सा रूप है?

(क) अपूर्ण क्रिया (ख) संयुक्त क्रिया

(ग) प्रेरणार्थक क्रिया (घ) पूर्वकालिक क्रिया

32. इनमें से गुणवाचक विशेषण नहीं है–

(क) गुजराती (ख) लम्बा

(ग) टिकाऊ (घ) प्रत्येक

33. संज्ञा या सर्वनाम की विशेषता बताने वाले शब्दों को क्या कहते हैं?

(क) विशेष्य (ख) विशेषण

(ग) क्रिया-विशेषण (घ) इनमें से कोई नहीं

34. निम्नलिखित में कौन-सा शब्द विशेषण है?

(क) नम्रता (ख) मिठास

(ग) शीतलता (घ) सच्चा

35. 'अच्छा विद्यार्थी' में 'विद्यार्थी' शब्द क्या है?

(क) विशेष (ख) विशेषण

(ग) गुण (घ) संज्ञा

36. 'आलस्य' शब्द का विशेषण क्या है?

(क) आलस (ख) अलस

(ग) आलसीपन (घ) आलसी

37. 'वह पढ़ता तो पास होता'– इस वाक्य में कौन-सा काल है?

(क) पूर्णभूत (ख) हेतु हेतु मद् भूत

(ग) सन्दिग्ध भूत (घ) अपूर्ण भूत

38. 'सीता ने खाना पकाया'– इस काल का वाक्य है?

(क) अपूर्ण भूत (ख) सन्दिग्ध भूत

(ग) सामान्य भूत (घ) पूर्ण भूत

39. 'मैं खाना खा चुका'– इस वाक्य में कौन-सा भूतकाल है?

(क) सामान्य भूत (ख) आसन्न भूत

(ग) सन्दिग्ध भूत (घ) अपूर्ण भूत

40. 'श्याम ने गाना गया होगा'–वाक्य में भूतकाल का कौन-सा भेद है?

(क) सन्दिग्ध भूत (ख) आसन्न भूत

(ग) अपूर्णभूत (घ) पूर्णभूत

उत्तरमाला

1-(क) संज्ञा, 2-(ग) डॉक्टर, 3-(घ) हरियाली, 4-(क) भाववाचक, 5-(क) बचपन, 6-(क) संज्ञा शब्द अविकारी होते हैं, 7-(ख) ऋतु, 8-(घ) बुढ़ापा, 9-(ख) पापिन, 10-(ग) ठकुराइन, 11-(ग) मेरे तो होश उड़ गये, 12-(ग) दर्शन, 13-(घ) हम, 14-(क) आठ, 15-(ग) करण, कारक, 16-(ग) जिससे संज्ञा या सर्वनाम का क्रिया से सम्बन्ध सूचित हो, 17-(ख) संज्ञा या सर्वनाम के आगे लगने वाले चिह्न, 18-(ग) से, के द्वारा, 19-(ग) हम, 20-(ख) निजवाचक, 21-(क) सम्बन्धवाचक सर्वनाम, 22-(ख) कुछ, 23-(ग) यह, 24-(ग) मानवीय, 25-(ग) बहुत, 26-(ख) तुम्हारे पास कितना चाँदी है?, 27-(ग) संज्ञा और सर्वनाम की, 28-(ग) विशेष्य, 29-(ख) धातु, 30-(ग) गोपाल पानी लाओ, 31-(ग) प्रेरणार्थक क्रिया, 32-(घ) प्रत्येक, 33-(ख) विशेषण, 34-(घ) सच्चा, 35-(घ) संज्ञा, 36-(घ) आलसी, 37-(ख) हेतु हेतु मद भूत, 38-(ग) सामान्य भूत, 39-(ख) आसन्न भूत, 40-(क) सन्दिग्ध भूत।

6. वाक्य भेद

ऐसा सार्थक शब्द-समूह, जो व्याकरण के नियमों के अनुसार व्यवस्थित हो एवम् पूरा आशय प्रकट करे, उसे वाक्य कहते हैं। दूसरे शब्दों में जिस शब्द-समूह से बोलने वाले या लिखने वाले का आशय व्यक्त होता है, वह वाक्य कहलाता है।

उदाहरण– संत तुलसीदास ने रामचरित मानस की रचना की। यह शब्द समूह व्याकरण के नियमों के अनुसार व्यवस्थित है तथा पूरा आशय प्रकट कर रहा है, इसलिए यह एक वाक्य है।

वाक्य के अंग

कर्त्ता तथा क्रिया के आधार पर वाक्य के दो अंग है–

1. **उद्देश्य–** वाक्य में जिसके बारे में कुछ कहा गया हो।
2. **विधेय–** उद्देश्य (कर्त्ता) के विषय में जो कुछ कहा गया हो।

उदाहरण–

1. दशरथ पुत्र राम ने रावण को मारा।
   उद्देश्य– दशरथ पुत्र राम ने
   विधेय– रावण को मारा
2. परिश्रमी व्यक्ति हमेशा सफल रहता है।
   उद्देश्य– परिश्रमी व्यक्ति
   विधेय– हमेशा सफल रहता है।

वाक्य के भेद

1. **अर्थ के आधार पर–** अर्थ की दृष्टि से वाक्यों के आठ भेद होते हैं–

   (i) **विधानवाचक–** क्रिया के करने या होने की सामान्य सूचना देना। जैस–
   (क) मैंने कल ताजमहल देखा था।
   (ख) प्रधानमंत्री ने लालकिले पर झंडा फहराया।

   (ii) **निषेधवाचक–** किसी कार्य के निषेध (न होने) का बोध। जैसे–
   (क) आज विज्ञान के अध्यापक नहीं पढ़ाएंगे।
   (ख) बाहर जाना मना है।

   (iii) **आज्ञावाचक/आज्ञार्थक वाक्य–** आज्ञा या अनुमति देने का बोध। जैसे–
   (क) तुम बाहर जाओ।
   (ख) सब लोग अपना-अपना काम करो।

   (iv) **विस्मयादिवाचक वाक्य–** आश्चर्य/विस्मय/हर्ष/शोक/घृणा आदि का बोध। जैसे–
   (क) अरे! कितना सुंदर बगीचा!
   (ख) छि! तालाब का पानी इतना गंदा है।

   (v) **प्रश्नवाचक वाक्य–** किसी से कुछ प्रश्न पूछने का बोध। जैसे–
   (क) क्या तुम खेलने चलोगे?

(ख) दरवाज़े पर कौन आया है?

(vi) **संकेतवाचक वाक्य**– एक क्रिया के दूसरी क्रिया पर निर्भर होने का बोध। जैसे–

(क) यदि वर्षा होती, तो फसल अच्छी होती।

(ख) मोहन ने परिश्रम किया होता तो फेल नहीं होता।

(vii) **इच्छावाचक वाक्य**– बोलने वाले (वक्ता) की इच्छा, आशा, शुभकामना या आशीर्वाद का बोध। जैसे–

(क) नववर्ष मंगलमय हो।

(ख) तुम्हारा सदा कल्याण हो।

(viii) **संदेहवाचक वाक्य**– कार्य के होने में संदेह अथवा संभावना का बोध। जैसे–

(क) शायद कल वर्षा होगी।

(ख) सुशील बाज़ार गया होगा।

2. रचना के आधार पर वाक्य भेद– रचना के आधार पर वाक्य के तीन भेद होते हैं–

(i) सरल वाक्य, (ii) मिश्र वाक्य, (iii) संयुक्त वाक्य

(i) **सरल वाक्य**– इन वाक्यों में एक उद्देश्य व एक विधेय होता है। दूसरे शब्दों में एक ही मुख्य क्रिया होती है।

जैसे– (क) सवेरा होते ही किसान खेत पर चला गया।

(ख) वह खाना खाकर सो गया।

(ग) शेफाली ने बीमार होने पर भी परीक्षा दी।

(घ) परिश्रमी व्यक्ति हमेशा सफल होता है।

(ii) **मिश्र वाक्य**– इन वाक्यों की रचना एक से अधिक ऐसे उपवाक्यों से होती है, जिनमें एक प्रधान उपवाक्य तथा अन्य गौण हों।

जैसे– (क) जैसे ही सवेरा हुआ, वैसे ही किसान खेत पर चला गया।

(ख) जब उसने खाना खाया, तब वह सो गया।

(ग) यद्यपि शेफाली बीमार थी, तथापि उसने परीक्षा दी।

(घ) जो व्यक्ति परिश्रमी होता है, वह हमेशा सफल होता है।

(iii) **संयुक्त वाक्य**– इन वाक्यों में दो या अधिक उपवाक्य किसी समुच्चयबोधक से जुड़े होते हैं तथा सभी उपवाक्य स्वतंत्र/प्रधान होते हैं।

जैसे– (क) सवेरा हुआ और किसान खेत पर चला गया।

(ख) उसने खाना खाया और सो गया।

(ग) शेफाली बीमार थी, फिर भी उसने परीक्षा दी।

(घ) व्यक्ति परिश्रमी होता है, इसलिए हमेशा सफल होता है।

वस्तुनिष्ठ प्रश्न

1. किस वाक्य में एक मुख्य क्रिया होती है, उसे कहते हैं–

(क) सरल वाक्य

(ख) मिश्र वाक्य

(ग) जटिल वाक्य

(घ) संयुक्त वाक्य

2. वाक्य की रचना–

(क) वर्णों के समूह से होती है।

(ख) अक्षरों के समूह से होती है।

(ग) वाक्यांशों के समूह से होती है।

(घ) शब्दों के समूह से होती है।

3. वाक्य में उद्देश्य का अर्थ है–

(क) वाक्य का कर्म (ख) वाक्य की क्रिया

(ग) वाक्य का कर्त्ता (घ) वाक्य का आशय

4. वाक्य में विधेय का अर्थ है–

(क) वाक्य का कर्म

(ख) वाक्य में जिसके विषय में कुछ कहा जाए

(ग) कर्त्ता के विषय में जो कुछ कहा जाए

(घ) वाकय का मूल अर्थ

5. हिंदी वाक्यों में पदक्रम होता है–

(क) कर्त्ता - क्रिया - कर्म

(ख) कर्म - कर्त्ता - क्रिया

(ग) कर्म - क्रिया - कर्त्ता

(घ) कर्त्ता - कर्म - क्रिया

6. निम्नलिखित में सरल वाक्य है–

(क) मैंने उसे पढ़ाया और नौकरी दिलाई।

(ख) वह लड़का, जिसने टोपी पहनी है, मेरा मित्र है।

(ग) रोहन को फल खरीदने थे, इसलिए वह बाज़ार गया।

(घ) मैंने एक दुबले-पतले व्यक्ति को देखा।

7. संयुक्त वाक्य पहचानिए–

(क) वह दो दिन गाँव में रहा और सबका प्रिय हो गया।

(ख) राजा नेक और ईमानदार है।

(ग) उस गाँव के चारों ओर जंगल था।

(घ) जब अध्यापक कक्षा में आए, तब सभी बच्चे शांत हो गए।

8. मिश्र वाक्य कौन-सा है–

(क) रास्ते में काफ़ी भीड़ थी।

(ख) वह व्यक्ति सड़क पार करते हुए ट्रक से टकराकर गिर गया।

(ग) छात्रों ने परिश्रम किया और उत्तीर्ण हो गए।

(घ) जब वह व्यक्ति सड़क पार कर रहा था तब ट्रक से टकराकर गिर गया।

9. निम्नलिखित वाक्यों में से विधेय छाँटिए–

(क) पवनपुत्र हनुमान ने लंका में आग लगा दी।

(ख) आग लगा दी।

(ग) लंका में आग लगा दी।

(घ) पवन पुत्र हनुमान ने लगा दी।

10. पदक्रम की दृष्टि से शुद्ध वाक्य है–

(क) खरगोश को काटकर गाजर खिलाओं

(ख) एक गर्म कप चाय पिला दो।

(ग) वह आदमी पागल हो गया है।

(घ) मुझे एक गिलास गाय का दूध दो।

11. पदक्रम की दृष्टि से अशुद्ध वाक्य है–

(क) किसानों का जीवन कठोर होता है।

(ख) महात्माजी के दिव्य वचन सुनकर मैं धन्य हो गया।

(ग) सूरज पश्चिम दिशा में छिपता है।

(घ) भारत में कन्याएँ पूजी ही जाती हैं।

12. अन्वय की दृष्टि से शुद्ध वाक्य चुनें–

(क) मैं, तुम और वह गाड़ी से घूमने चलेंगे।

(ख) तुम, वह और मैं गाड़ी से घूमने चलेंगे।

(ग) वह, मैं और तुम गाड़ी से घूमने चलेंगे।

(घ) मैं, वह और तुम गाड़ी से घूमने चलेंगे।

13. संयुक्त वाक्य चुनिए– वह अपने घर जाकर काम में लग गया।

(क) वह अपने घर जाते ही काम में लग गया।

(ख) जब वह अपने घर गया, तब वह काम में लग गया।

(ग) चूँकि वह अपने घर गया, इसलिए काम में लग गया।

(घ) वह अपने घर गया और काम में लग गया।

14. निम्नलिखित दो सरल वाक्यों को एक सरल वाक्य में बदलिए– बालिकाएँ मैदान में हैं। वे खेल रही हैं।

(क) बालिकाएँ मैदान में खेल रही हैं।

(ख) जो बालिकाएँ मैदान में हैं, खेल रही हैं।

(ग) बालिकाएँ मैदान में हैं और खेल रही हैं।

(घ) बालिकाएँ मैदान में हैं, इसलिए खेल रही हैं।

प्रश्न संख्या 15 से 18 में रेखांकित उपवाक्य का भेद बताओ–

15. मैंने वहीं निशाना लगया, <u>जहाँ गोल हो सके।</u>

(क) संज्ञा आश्रित उपवाक्य

(ख) विशेषण आश्रित उपवाक्य

(ग) क्रिया विशेषण आश्रित उपवाक्य

(घ) प्रधान उपवाक्य

16. <u>जिसने तुम्हें मूर्ख बनाया,</u> **वह यही बालक है।**
(क) प्रधान उपवाक्य
(ख) विशेषण आश्रित उपवाक्य
(ग) क्रिया आश्रित उपवाक्य
(घ) संज्ञा आश्रित उपवाक्य

17. <u>गीता में लिखा है</u> **कि कर्म करो, फल की इच्छा मत करो।**
(क) विशेषण आश्रित उपवाक्य
(ख) क्रिया आश्रित उपवाक्य
(ग) संज्ञा आश्रित उपवाक्य
(घ) प्रधान उपवाक्य

18. **पिताजी चाहते थे** <u>कि मैं डॉक्टर बनूँ</u>
(क) संज्ञा आश्रित उपवाक्य
(ख) विशेषण आश्रित उपवाक्य
(ग) प्रधान उपवाक्य
(घ) क्रिया विशेषण आश्रित उपवाक्य

19. **अर्थ की दृष्टि से वाक्य का प्रकार बताइए– एकता दसवीं कक्षा में पढ़ती होगी–**
(क) संकेतवाचक (ख) इच्छावाचक
(ग) संदेहवाचक (घ) विधानवाचक

20. **रचना की दृष्टि से वाक्य भेद बताइए– वह खेल और पढ़ाई दोनों में अच्छा है।**
(क) सरल (ख) संयुक्त
(ग) मिश्र (घ) इनमें से कोई नहीं

प्रश्न संख्या 21 से 25 में निर्देशानुसार सही वाक्य परिवर्तन बताइए–

21. **वह अपराधी है। उसे सज़ा हुई। (सरल वाक्य)**
(क) वह अपराधी है, इसलिए उसे सज़ा हुई।
(ख) उसे इसलिए सज़ा हुई, क्योंकि वह अपराधी है।
(ग) अपराधी होने के कारण उसे सज़ा हुई।
(घ) इनमें से कोई नहीं

22. **वह मंत्री बन गया है। उसका व्यवहार पूर्ववत है। (मिश्र वाक्य)**
(क) मंत्री बन जाने पर भी उसका व्यवहार पूर्ववत है।
(ख) वह मंत्री बन गया है, परंतु उसका व्यवहार पूर्ववत है।
(ग) जब वह मंत्री बन गया है, तब उसका व्यवहार पूर्ववत है।
(घ) यद्‌यपि वह मंत्री बन गया है, तथापि उसका व्यवहार पूर्ववत है।

23. **मेरा गाँव छोटा-सा है। उसके चारों ओर जंगल है। (संयुक्त वाक्य)**
(क) मेरे छोटे-से गाँव के चारों ओर जंगल है।
(ख) मेरा गाँव छोटा-सा है और उसके चारों ओर जंगल है।
(ग) वह जो मेरा छोटा-सा गाँव है और उसके चारों ओर जंगल है।
(घ) इनमें से कोई नहीं

24. **लता जी गाती हैं। उनके जैसा कोई नहीं गाता। (मिश्र वाक्य)**
(क) लता जी जैसा कोई नहीं गाता।
(ख) लता जी गाती हैं, इसलिए वैसा कोई नहीं गाता।
(ग) जैसा लता जी गाती हैं, वैसा कोई नहीं गाता।
(घ) लता जी गाती हैं और वैसा कोई नहीं गाता।

25. **बगीचा बहुत सुंदर है। (विस्मयवाचक)**
(क) वाह! कितना सुंदर बगीचा है।
(ख) ओह! बगीचा बहुत सुंदर है।
(ग) छि! कितना सुंदर बगीचा है।
(घ) अरे! क्या बगीचा सुंदर है।

उत्तरमाला

1-(क) सरल वाक्य, 2-(घ) शब्दों के समूह से होती है।, 3-(ग) वाक्य का कर्त्ता, 4-(ग) कर्त्ता के विषय में जो कुछ कहा जाए, 5-(घ) कर्त्ता - कर्म - क्रिया, 6-(घ) मैंने एक दुबले-पतले व्यक्ति को देखा, 7-(क) वह दो दिन गाँव में रहा और सबका प्रिय हो गया।, 8-(घ) जब वह व्यक्ति सड़क पार कर रहा था तब ट्रक से टकराकर गिर गया।, 9-(ग) लंका में आग लगा दी।, 10-(ग) वह आदमी पागल हो गया है, 11-(घ) भारत में कन्याएँ पूजी ही जाती हैं, 12-(क) मैं, तुम और वह गाड़ी से घूमने चलेंगे।, 13-(घ) वह अपने घर गया और काम में लग गया।, 14-(क) बालिकाएँ मैदान में खेल रही हैं।, 15-(ग) क्रिया विशेषण आश्रित उपवाक्य, 16-(ख) विशेषण आश्रित उपवाक्य, 17-(घ) प्रधान उपवाक्य, 18-(क) संज्ञा आश्रित उपवाक्य, 19-(ग) संदेहवाचक, 20-(क) सरल, 21-(ग) अपराधी होने के कारण उसे सज़ा हुई।, 22-(घ) यद्‌यपि वह मंत्री बन गया है, तथापि उसका व्यवहार पूर्ववत है।, 23-(ख) मेरा गाँव छोटा-सा है और उसके चारों ओर जंगल है।, 24-(ग) जैसा लता जी गाती हैं, वैसा कोई नहीं गाता।, 25-(क) वाह! कितना सुंदर बगीचा है।

7. वाक्य-रचना एवं अशुद्धि-शोधन

वाक्य-रचना में मुख्यतः दो बातों को विशेष महत्व दिया जाता है। पहला- पदों को व्याकरण की दृष्टि से उचित क्रम में रखना तथा उन पदों का परस्पर संबंध स्पष्ट करना। इन्हीं दोनों नियमों के आधार पर शुद्ध वाक्य की रचना होती है। इस प्रकार वाक्य-रचना या वाक्य-विकास के अंतर्गत मुख्य रूप से निम्नलिखित दो विषय आते हैं– (क) पदों का क्रम (ख) पदों का अन्वय।

पदों का क्रम

1. कर्त्ता पहले और क्रिया अंत में– राम पुस्तक पढ़ता है।
   (राम - कर्त्ता - पहले, पढ़ता है - क्रिया - अंत में)
2. क्रिया का कर्म व पूरक क्रिया से पूर्व– पिता ने पुत्र को आशीर्वाद दिया।
   (पिता ने - कर्त्ता, पुत्र को आशीर्वाद - कर्म व पूरक क्रिया, दिया - क्रिया)
3. विशेषण का प्रयोग संज्ञा/सर्वनाम से पूर्व तथा क्रिया विशेषण का प्रयोग क्रिया से पूर्व–
   मेधावी छात्र सदैव परिश्रम करता है। (मेधावी - विशेषण, सदैव - क्रिया विशेषण)
4. वाक्य में विविध अंगों में तर्क संगत निकटता होनी चाहिए।
   जैसे- एक पानी का गिलास लाओ – इस वाक्य में एक पानी - निरर्थक है
   एक गिलास पानी लाओ - सार्थक वाक्य है।

पदों का अन्वय

1. कर्त्ता के साथ कारक चिह्न ने/न हो, तो क्रिया का लिंग, वचन, पुरुष कर्त्ता के अनुसार; जैसे-सोहन पतंग उड़ाता है।
2. कर्त्ता के साथ परसर्ग हो, तो क्रिया कर्म के अनुसार; जैसे- सोहन ने पतंग उड़ाई।
3. एक से अधिक कर्त्ता भिन्न लिंगों में हो तो क्रिया का लिंग अंतिम कर्त्ता के अनुसार राहुल के पास एक जूता और एक चप्पल थी।
4. विशेषण का लिंग और वचन विशेष्य के अनुसार; जैसे- मोटा लड़का, पतली लड़की, काली घोड़ी, सफ़ेद घोड़ा।
5. कर्त्ता एकाधिक होने पर उत्तम पुरुष, मध्यम पुरुष, अन्य पुरुष के क्रम मे; जैसे– मैं, तुम और वह बाज़ार चलेंगे।

वस्तुनिष्ठ प्रश्न

प्रश्न संख्या 1 से 20 तक दिए गए वाक्यों में पदक्रम की दृष्टि से त्रुटिपूर्ण अंश को उचित विकल्प चुनकर बताइए–

1. अपने मन पर नियंत्रण रखो और इंद्रियों को नियंत्रित में करो।

(क) मन पर (ख) नियंत्रण रखो
(ग) इंद्रियों की (घ) नियंत्रित में

2. अनेक भारत में रहने वाले नागरिक देशभक्त नहीं हैं।

(क) अनेक (ख) नागरिक
(ग) भारत (घ) देशभक्त

3. उसने मुझको बड़े स्नेह से अपने घर बुलाया।

(क) उसने (ख) मुझको
(ग) बड़े (घ) अपने

4. दरअसल में बात यह है कि यह बालक झूठा नहीं है।

(क) में (ख) यह
(ग) कि (घ) नहीं

5. वह ने मुझे पढ़ने के लिए अपनी पुस्तक दी।

(क) वह ने (ख) मुझे
(ग) के लिए (घ) दी

6. वहाँ मुफ़्त आँखों का ऑपरेशन हो रहा है।

(क) वहाँ (ख) मुफ़्त

(ग) आँखों (घ) ऑपरेशन

7. उस विधवा स्त्री को परेशान मत कीजिए।

(क) विधवा (ख) स्त्री

(ग) परेशान (घ) कीजिए

8. मैंने मेरी कलम छोटे भाई को दे दी

(क) छोटे (ख) मैंने

(ग) मेरी (घ) दे दी

9. बुरे से बुरे आदमी भी दूसरों से अच्छे व्यवहार की उम्मीद करता है।

(क) बुरे से बुरे (ख) अच्छे व्यवहार

(ग) दूसरों से (घ) करता है

10. सफलता के लिए सपने देखना उचित है क्योंकि पहले हम कल्पना करते हैं, फिर उसे आकार करते हैं।

(क) सपने (ख) उचित

(ग) कल्पना (घ) आकार

11. सोहन ने हाथ जोड़कर प्रार्थना करते हुए कहा– मेरा काम कर दीजिए। मैं आपका आजीवन पर्यंत आभारी रहूँगा।

(क) प्रार्थना (ख) आजीवन

(ग) पर्यंत (घ) आभारी

12. अगर आज मेरी तबीयत खराब न होती तो मैं परीक्षा की पूरी तैयारी कर लूँगा।

(क) अगर (ख) होती

(ग) पूरी (घ) लूँगा

13. क्रपया थोड़ी प्रतीक्षा और कर लें, शायद काम बन जाए।

(क) क्रपया (ख) थोड़ी

(ग) और (घ) शायद

14. उस जंगल में खतरा है। आपको वहाँ मत जाना चाहिए।

(क) उस (ख) खतरा

(ग) वहाँ (घ) मत

15. अचानक उस कारखाने में आग लग गई और सारी सम्पत्ति नाश हो गई।

(क) अचानक (ख) नाश

(ग) आग (घ) सारी

16. उनके बेटे के जन्मदिन पर उन्हों के कई मित्र उसके लिए उपहार लेकर आए।

(क) उनके (ख) उन्हों के

(ग) कई (घ) उसके

17. 'यद्यपि वह बीमार था, हालांकि उसने अपनी परीक्षा दी।

(क) यद्यपि (ख) वह

(ग) हालांकि (घ) अपनी

18. लोगों की तरह-तरह की बातें सुनने पर भी उन्हें यह समझ में नहीं आयी कि अब वह क्या करें।

(क) लोगों की (ख) सुनने पर

(ग) नहीं आयी (घ) क्या करें

19. मैंने किसी के कहने पर कभी भी भरोसा नहीं करता।

(क) मैंने (ख) किसी के

(ग) कहने पर (घ) कभी भी

20. आप हमेशा अपने स्वार्थ का ही देखते हैं। क्या आपको आपके भाई की तनिक भी चिंता नहीं है।

(क) आप (ख) अपने

(ग) आपको (घ) आपके

प्रश्न संख्या 21 से 25 तक दिए गए वाक्यों में से उपयुक्त विकल्प छाँटिए।

21. (क) किसानों का कठोर बहुत जीवन होता है।

(ख) किसानों का जीवन होता है बहुत कठोर।

(ग) किसानों का जीवन बहुत कठोर होता है।

(घ) बहुत कठोर जीवन होता है किसानों का।

22. (क) एक गर्म कप टमाटर का सूप दे दो।

(ख) एक टमाटर गर्म कप सूप दे दो।

(ग) गर्म टमाटर का एक कप सूप दे दो।

(घ) टमाटर का एक कप गर्म सूप दे दो।

23. (क) माँ भोजन पकाती है अपने पुत्रों के लिए।

(ख) माँ अपने पुत्रों के लिए पकाती है भोजन।

(ग) माँ अपने पुत्रों के लिए भोजन पकाती है।

(घ) अपने पुत्रों के लिए भोजन पकाती है माँ।

24. (क) बच्चों को सेब काटकर खिलाओ।
   (ख) मैं गर्म भैंस का दूध पीना चाहता हूँ।
   (ग) वह पागल आदमी हो गया है।
   (घ) कैसे तुम कपड़े पहने हुए हो।

25. (क) गीता, सीता और नीता हँस रहे हैं।
   (ख) गीता, सीता और नीता हँस रही है।
   (ग) गीता, सीता और नीता हँस रहीं हैं।
   (घ) गीता, सीता और नीता हँस रही हैं।

प्रत्येक वाक्य के नीचे दिये गये विकल्पों में से सही विकल्प को चुनिये।

26. गांधी का नाम किसने नहीं सुना?
   (क) क्या सबने गांधी का नाम नहीं सुना?
   (ख) ऐसा कौन सा व्यक्ति है जिसने गांधी का नाम नहीं सुना?
   (ग) गांधी का नाम सबने सुना है।
   (घ) किसके कान खराब हैं कि उसने गांधी का नाम नहीं सुना।

27. पाँच बजने को हैं।
   (क) पाँच बजने में अभी बहुत समय है।
   (ख) अभी पाँच बजे हैं।
   (ग) पाँच बज चुके हैं।
   (घ) पाँच बजने वाले हैं।

28. वह गरीब होने के बावजूद ईमानदार है।
   (क) यद्यपि वह गरीब है, तथापि ईमानदार है।
   (ख) वह गरीब हो गया, फिर ईमानदार बन गया।
   (ग) वह गरीब होनेवाला है अतः ईमानदार बन गया है।
   (घ) वह गरीब है, इसलिए ईमानदार भी होगा।

29. अंधेरा होते ही भगदड़ मच गई।
   (क) जब अंधेरा होने को था, भगदड़ मच गई।
   (ख) ज्योंही अंधेरा हुआ त्योंही भगदड़ मच गई।
   (ग) जब अंधेरा हुआ, तब भगदड़ मच गई।
   (घ) जैसे अंधेरा हुआ वैसे भगदड़ मच गई।

30. हमने वहाँ उड़नेवाली मछलियाँ देखीं।
   (क) जो मछलियाँ हमने देखीं वे उड़नेवाली थीं।
   (ख) उसने ऐसी मछलियाँ देखीं जिन्हें हम उड़ा सकते हैं।
   (ग) हमने जो मछलियाँ देखीं वे उड़ने को तैयार थीं।
   (घ) हमने वहाँ ऐसी मछलियाँ देखीं, जो उड़ सकती हैं।

31. पुलिस को देखते ही चोर भाग खड़ा हुआ।
   (क) ज्योंही पुलिस दिखाई दी, चोर भागते-भागते खड़ा हो गया।
   (ख) जब चोर ने पुलिस को देखा तो वह एकदम भाग गया।
   (ग) जब चोर ने पुलिस को देखा तो वह भागा और फिर खड़ा हो गया।
   (घ) चोर एकदम भाग गया क्योंकि उसे डर था कि पुलिस देख लेगी।

32. यद्यपि वर्षा हो रही थी, वे समय पर पहुँच गए।
   (क) वर्षा होने के बावजूद वे समय पर पहुँच गए।
   (ख) वर्षा होने के कारण वे समय पर पहुँच गए।
   (ग) वर्षा हो रही थी, इसीलिए वे समय पर पहुँच गए।
   (घ) पहले वर्षा हो रही थी, किंतु वे पहुँच गए।

33. सच-सच बताओ वरना मार पड़ेगी।
   (क) सच-सच बताओ तो मार पड़ेगी।
   (ख) सच-सच न बताने से मार नहीं पड़ेगी।
   (ग) अगर सच-सच नहीं बताओगे तो मार पड़ेगी।
   (घ) अगर सच-सच बताओगे तो कम मार पड़ेगी।

34. आप इसे मेरा घर कैसे कह सकते हैं?
   (क) आप इसे मेरा घर नहीं कह सकते।
   (ख) आप नहीं कह पाएँगे कि यह घर मेरा है।
   (ग) आप किस प्रकार इस घर को मेरा घर कहेंगे।
   (घ) आप इसे मेरा घर कहने का कारण बताइये।

35. तुम परीक्षा नहीं दे पाओगे।
   (क) तुम्हारा परीक्षा देना संभव है।
   (ख) तुम्हें परीक्षा देने से कुछ नहीं मिलेगा।
   (ग) तुम्हारा परीक्षा के लिए जाना संभव नहीं हो पाएगा।
   (घ) तुम्हारे लिए परीक्षा देना संभव नहीं होगा।

उत्तरमाला

1-(घ) नियंत्रित में, 2-(क) अनेक, 3-(ख) मुझको, 4-(क) में, 5-(क) वह ने, 6-(ख) मुफ़्त, 7-(ख) स्त्री, 8-(ग) मेरी, 9-(क) बुरे से बुरे, 10-(घ) आकार, 11-(ग) पर्यंत, 12-(घ) लूँगा, 13-(क) कृपया, 14-(घ) मत, 15-(ख) नाश, 16-(ख) उन्हों के, 17-(ग) हालांकि, 18-(ग) नहीं आयी, 19-(क) मैंने, 20-(घ) आपके, 21-(ग) किसानों का जीवन बहुत कठोर होता है।, 22-(घ) टमाटर का एक कप गर्म सूप दे दो।, 23-(ग) माँ अपने पुत्रों के लिए भोजन पकाती है।, 24-(क) बच्चों को सेब काटकर खिलाओ।, 25-(घ) गीता, सीता और नीता हँस रही हैं।, 26-(ग) गांधी का नाम सबने सुना है।, 27-(घ) पाँच बजने वाले हैं।, 28-(क) यद्‌यपि वह गरीब है, तथापि ईमानदार है।, 29-(ख) ज्योंही अंधेरा हुआ त्योंही भगदड़ मच गई।, 30-(घ) हमने वहाँ ऐसी मछलियाँ देखीं, जो उड़ सकती हैं।, 31-(ख) जब चोर ने पुलिस को देखा तो वह एकदम भाग गया।, 32-(क) वर्षा होने के बावजूद वे समय पर पहुँच गए।, 33-(ग) अगर सच-सच नहीं बताओगे तो मार पड़ेगी।, 34-(क) आप इसे मेरा घर नहीं कह सकते।, 35-(घ) तुम्हारे लिए परीक्षा देना संभव नहीं होगा।

8. उपसर्ग

'उपसर्ग' में दो शब्द 'उप' और 'सर्ग' हैं। 'उप' का अर्थ समीप या निकट या पास है तथा 'सर्ग' का अर्थ है– सृष्टि करना, निर्माण करना। 'उपसर्ग' वह शब्दांश है, जो किसी शब्द के पूर्व आकर या लगकर उसका विशेष अर्थ प्रकट करता है।

संस्कृत में मुख्य उपसर्ग 21 हैं और इन समस्त उपसर्गों को हिन्दी ने ग्रहण कर लिया है। संस्कृत के उपसर्गों के अतिरिक्त हिन्दी ने अरबी-फ़ारसी के भी 'उपसर्ग' ग्रहण किये हैं– जैसे- दर, ला, बे, बा आदि।

संस्कृत के 21 उपसर्ग इस प्रकार हैं– अति, अधि, अनु, अप, अभि, अव, आ, उत्, दुर, उप, दुस, नि, निर्, निस्, परा, परि, प्र, प्रति, वि, सम्, सु।

हिन्दी के 'उपसर्ग' संस्कृत के उपसर्गों से या समास शब्दों से विकसित हुए हैं, जो निम्नलिखित हैं–

अ / अन, अध, उन, औ / अव, दु, नि, बिन, भर, कु / क, सु / स।

हिन्दी के कुछ उपसर्ग अरबी-फ़ारसी से भी आये हैं, जिनकी संख्या 18 है, किन्तु इनका प्रयोग अरबी-फ़ारसी शब्दों के साथ ही किया जाता है। अरबी-फ़ारसी के जो उपसर्ग हिन्दी में प्रयोग किये जाते है, वे निम्नलिखित हैं–

अल, कम, खुश, गैर, दर, ना, फिल, ब, बद, बर, बा, बिल, बिला, बे, ला, सर, हम, हर।

अंग्रेज़ी के उपसर्गों का प्रयोग अंग्रेज़ी भाषा के शब्दों में ही होता है; जैसे-चीफ़, जनरल, वाइस, डिप्टी, सब आदि।

वस्तुनिष्ठ प्रश्न

निम्नलिखित प्रश्नों के उत्तर उचित विकल्प चुनकर दीजिए।

1. 'नीरोग' में कौन-सा उपसर्ग है?

(क) नी (ख) निर्
(ग) नि (घ) निस्

2. 'अत्याधुनिक' में कौन-सा उपसर्ग है?

(क) अ (ख) अति
(ग) अप (घ) अव

3. 'अन्वेषण' में कौन-सा उपसर्ग है?

(क) अ (ख) अनु
(ग) अप (घ) अपि

4. 'अध्यक्ष' शब्द में उपसर्ग है–

(क) अ (ख) अति
(ग) अध (घ) अधि

5. 'उच्चारण' शब्द में कौन-सा उपसर्ग है?

(क) उ (ख) उच्च
(ग) उच (घ) उत्

6. निम्नलिखित शब्दों में से किस शब्द में उपसर्ग नहीं है?

(क) संग्रह (ख) सुकर
(ग) प्रसिद्ध (घ) पन्थ

7. 'निरपराध' शब्द का सही उपसर्ग विन्यास है–

(क) निर् + पराध
(ख) निर् + अपराध
(ग) निर् + अप + राध
(घ) निस् + अप + राध

8. 'सुविख्यात' शब्द का सही उपसर्ग विन्यास है–

(क) सु + विख्यात (ख) सुवि + ख्यात
(ग) सम् + ख्यात (घ) सु + वि + ख्यात

9. 'बा-मुलाहिजा' में कौन-सा उपसर्ग है?

(क) बहु (ख) बा
(ग) बर (घ) बिस्

10. 'बनाम' शब्द में कौन-सा उपसर्ग है?

(क) ब (ख) बन
(ग) बना
(घ) उपर्युक्त में कोई नहीं

11. 'अत्युक्ति' शब्द में कौन-सा उपसर्ग है?

(क) अ (ख) अति
(ग) अत्य (घ) अत्

12. इनमें से कौन-सा शब्द 'सम्' उपसर्ग से बना है?

(क) संयोग (ख) सुकर्म

(ग) स्वयंसेवक (घ) सन्तान

13. 'अतिरिक्त' शब्द में कौन-सा उपसर्ग है?

(क) अत् (ख) अतिर्

(ग) अति (घ) अ

14. 'अन्वय' शब्द में कौन-सा उपसर्ग है?

(क) अनु (ख) अन्

(ग) अ (घ) अन्व

15. 'अभ्युदय' शब्द में उपसर्ग है–

(क) अ (ख) अभि

(ग) अभ्य (घ) अभ

16. 'आगमन' शब्द में कौन-सा उपसर्ग है?

(क) अ (ख) आ

(ग) अव (घ) आग

17. 'अध्ययन' शब्द में कौन-सा उपसर्ग है?

(क) अ (ख) अति

(ग) अधि (घ) अध्

18. 'उज्ज्वल' शब्द में कौन-सा उपसर्ग है?

(क) उत् (ख) उप

(ग) अति (घ) अप

19. 'अवतार' शब्द में उपसर्ग है–

(क) अव (ख) अ

(ग) आ (घ) कोई उपसर्ग नहीं

20. 'संकल्प' शब्द में कौन-सा उपसर्ग है?

(क) सं (ख) सम्

(ग) सन् (घ) कोई नहीं

21. 'नियन्त्रित' शब्द में कौन-सा उपसर्ग है?

(क) न् (ख) नइ

(ग) नि (घ) निर्

22. 'संन्यास' शब्द में उपसर्ग है–

(क) स (ख) सम्

(ग) सन् (घ) कोई उपसर्ग नहीं

23. 'गैर हाज़िर' शब्द में किस भाषा का उपसर्ग है?

(क) हिंदी (ख) संस्कृत

(ग) विदेशी (घ) क और ख दोनों

24. रिक्त स्थान के लिए उचित विकल्प चुनिए–
उपसर्ग मूल रूप से .... होते हैं।

(क) शब्द (ख) शब्दांश

(ग) पद (घ) पद्यांश

25. 'दुराचार' में प्रयुक्त उपसर्ग है–

(क) दु (ख) दुः

(ग) दुर् (घ) दुर

उत्तरमाला

1-(क) निर्, 2-(ख) अति, 3-(ख) अनु, 4-(घ) अधि, 5-(ख) उत्, 6-(घ) पन्थ, 7-(ग) निर् + अप + राध, 8-(घ) सु + वि + ख्यात, 9-(ख) बा, 10-(क) ब, 11-(ख) अति, 12-(क) संयोग, 13-(ग) अति, 14-(क) अनु, 15-(ख) अभि, 16-(ख) आ, 17-(ग) अधि, 18-(क) उत्, 19-(क) अव, 20-(ख) सम्, 21-(ग) नि, 22-(ख) सम्, 23-(ग) विदेशी, 24-(ख) शब्दांश, 25-(ग) दुर्।

9. प्रत्यय

'प्रत्यय' शब्द प्रति + अय से बना है। **प्रति** का अर्थ है– **साथ में**, **पर**, **बाद** में तथा **अय** का अर्थ है– चलने वाला या लगने वाला। इस प्रकार **प्रत्यय** वह शब्दांश है, जो किसी शब्द के बाद लगकर या प्रयुक्त होकर मूल शब्द के अर्थ में परिवर्तन या नयापन ला देता है। जैसे– चतुर + आई = चतुराई, पठ + अनीय = पठनीय आदि।

हिन्दी में चार प्रकार के प्रत्यय हैं– 1. कृत या कृदन्त प्रत्यय, 2. तद्धित प्रत्यय, 3. स्त्री प्रत्यय और 4. विदेशी प्रत्यय।

1. **कृत या कृदन्त प्रत्यय–** धातु या क्रिया के अन्त में प्रयुक्त होकर उसके अर्थ में नवीनता लाने वाले प्रत्ययों को **'कृत'** प्रत्यय कहते हैं। इनसे जो यौगिक बनते हैं, उन्हें **कृदन्त** कहते हैं।
   जैसे- लड़ (धातु) + आई = लड़ाई, पढ़ (क्रिया) + आई = पढ़ाई आदि।

   कृत प्रत्यय हैं–

1. **अ**	2. **अक**	3. **अन**	4. **अना**	5. **अनीय**
6. **आ**	7. **आई**	8. **इ**	9. **इया**	10. **ई**
11. **आन**	12. **आव**	13. **आवट**	14. **आवा**	15. **आहट**
16. **त**	17. **तव्य**	18. **ती**	19. **ति**	20. **न**
21. **नि**	22. **या**	23. **सा**	24. **वाला**	

2. **तद्धित प्रत्यय–** वे प्रत्यय, जो क्रिया से भिन्न शब्दों जैसे- संज्ञा, सर्वनाम, विशेषण, क्रिया-विशेषण आदि के अन्त में मिलकर, उसके अर्थ में नवीनता ला देते हैं, ऐसे प्रत्ययों को **तद्धित** तथा उनके मेल से बने शब्दों को **तद्धितान्त** कहते हैं। जैसे- धर्म (संज्ञा) + इक = धार्मिक, चतुर (विशेषण) + आई = चतुराई आदि।

   तद्धित प्रत्यय हैं–

1. **अ**	2. **अन्तर**	3. **इ**	4. **इक**	5. **इकी**
6. **इतर**	7. **इमा**	8. **ई**	9. **ई**	10. **एय**
11. **क**	12. **क**	13. **क**	14. **कर**	15. **करण**
16. **कार**	17. **ज, जात**	18. **ज्ञ**	19. **तम**	20. **ता, त्व**
21. **द**	22. **धर**	23. **धा**	24. **प**	25. **पाल**
26. **चर**	27. **अर्थी**	28. **दर्शी**	29. **पन**	30. **प्रद**
31. **म**	32. **य, ईय**	33. **य**	34. **लु**	35. **वन्त**
36. **वत्**	37. **वान् , मान्**	38. **वाला**	39. **शः**	

3. **स्त्री प्रत्यय–** वे प्रत्यय जो पुलिंग शब्दों के अन्त में जुड़कर उन्हें स्त्रीलिंग में परिवर्तित कर देते हैं। ऐसे प्रत्ययों को **स्त्री प्रत्यय** कहते हैं। जैसे- सेठ + आनी = सेठानी, घोड़ा + ई = घोड़ी आदि।

   स्त्री प्रत्यय हैं–

1. **आ**	2. **आनी**	3. **ई**	4. **इका**	5. **नी**
6. **इया**	7. **इन**	8. **आइन**		

4. **विदेशी प्रत्यय–** हिन्दी में अरबी, फ़ारसी के भी कुछ प्रत्यय ग्रहण किए गए हैं, जिनका प्रयोग हिन्दी शब्दों के साथ भी होता है। हिन्दी में प्रचलित इन अरबी-फ़ारसी तथा अंग्रेज़ी के प्रत्ययों को **विदेशी प्रत्यय** कहते हैं।

विदेशी प्रत्यय हैं–

1. **खाना**	2. **ख़ोर**	3. **ची**	4. **दाँ**	5. **दान**
6. **दानी**	7. **दार**	8. **बन्द**	9. **बन्दी**	10. **बाज़**
11. **बाज**	12. **बाजी**	13. **वार**	14. **साज़**	15. **इज़्म**
16. **इस्ट**				

वस्तुनिष्ठ प्रश्न

1. 'आंशिक' शब्द में कौन-सा प्रत्यय है?

(क) क (ख) अ

(ग) इक (घ) शिक

2. 'अहंकार' शब्द में कौन-सा प्रत्यय है?

(क) र (ख) अ

(ग) आर (घ) कार

3. 'भिक्षुक' शब्द में कौन-सा प्रत्यय है?

(क) उक (ख) अक

(ग) क (घ) अ

4. 'रचित' शब्द में कौन-सा प्रत्यय है?

(क) त (ख) अ

(ग) इत (घ) चित

5. 'शान्तिपूर्ण' शब्द में प्रत्यय है–

(क) ण (ख) ऊर्ण

(ग) पूर्ण (घ) अ

6. 'एकदा' शब्द में प्रत्यय है–

(क) दा (ख) आ

(ग) कदा (घ) अदा

7. 'महँगाई' शब्द में प्रत्यय है–

(क) ई (ख) आई

(ग) अई (घ) गाई

8. 'चतुराई' शब्द में प्रत्यय है–

(क) राई (ख) आई

(ग) ई (घ) अ

9. 'ग्रामीण' शब्द का सही शब्द विन्यास है–

(क) ग्राम + मीण (ख) ग्राम + ईन

(ग) ग्रामी + ण (घ) ग्राम्य + यण्

10. 'चिड़िया' शब्द में प्रत्यय है–

(क) या (ख) आ

(ग) ड़िया (घ) इया

11. निम्नलिखित में किस शब्द में 'आवा' प्रत्यय नहीं है–

(क) भुलावा (ख) लावा

(ग) दिखावा (घ) चढ़ावा

12. 'भवदीय' शब्द में कौन-सा प्रत्यय है?

(क) य (ख) अ

(ग) ईय (घ) दीय

13. 'अजा' शब्द में कौन-सा प्रत्यय है?

(क) जा (ख) आ

(ग) अ (घ) इनमें से कोई नहीं

14. 'देवी' शब्द में कौन-सा प्रत्यय है?

(क) ई (ख) वी

(ग) ऐवी (घ) इनमें से कोई नहीं

15. 'मृदुल' शब्द का सही प्रत्यय-विन्यास है–

(क) मृत + उल (ख) मृदु + ल

(ग) मृदु + अल (घ) मृदुल् + अ

16. 'लाभप्रद' शब्द में प्रयुक्त 'प्रद' प्रत्यय का सही अर्थ है–

(क) बैठने वाला (ख) लगने वाला

(ग) जुड़ने वाला (घ) देने वाला

17. 'जुर्माना' शब्द में प्रत्यय है–

(क) आना (ख) ना

(ग) आ (घ) माना

18. 'रूहानी' शब्द में प्रत्यय है–

(क) नी (ख) ई

(ग) हानी (घ) आनी

19. 'नशीला' शब्द में प्रत्यय है–

(क) आ (ख) ला

(ग) ईला (घ) शीला

20. **'नी' प्रत्यय से निर्मित शब्द है–**

(क) ओढ़नी (ख) पानी

(ग) चीनी (घ) चुन्नी

निम्नलिखित वाक्यों में प्रयुक्त रेखांकित पदों के स्थान पर एक प्रत्यय-युक्त शब्द का चुनाव करो–

21. **यह <u>समाज की</u> समस्या है।**

(क) समाजी (ख) समाजिक

(ग) सामाजिक (घ) समाजिय

22. **संत कबीरदास स्वभाव से <u>घूमने वाले</u> थे।**

(क) घुमंतु (ख) घुमक्कड़

(ग) घूमू (घ) घुमैया

23. **मेरी माँ <u>मिलन के स्वभाव वाली</u> महिला हैं।**

(क) मिलन घर (ख) मिलनी

(ग) मिलनीय (घ) मिलनसार

24. **संसार <u>गुणों वाले</u> व्यक्ति का आदर करता है।**

(क) गुणवान (ख) गुणमान

(ग) गुणशील (घ) गुणमयी

25. **<u>ग्राम में रहने वाले</u> सरल होते हैं।**

(क) ग्रामीन (ख) ग्रामीण

(ग) गँवार (घ) ग्रामवास

उत्तरमाला

1-(ग) इक, 2-(घ) कार, 3-(क) उक, 4-(ग) इत, 5-(ग) पूर्ण, 6-(क) दा, 7-(ख) आई, 8-(ख) आई, 9-(ख) ग्राम + ईन, 40-(क) इया, 11-(ख) लावा, 12-(ग) ईय, 13-(ख) आ, 14-(क) ई, 15-(ख) मृदु + ल, 16-(घ) देने वाला, 17-(क) आना, 18-(घ) आनी, 19-(ग) ईला, 20-(क) ओढ़नी, 21-(ग) सामाजिक, 22-(ख) घुमक्कड़, 23-(घ) मिलनसार, 24-(क) गुणवान, 25-(ख) ग्रामीण।

10. संधि

शाब्दिक अर्थ है– मेल। दो निकटतम वर्णों के मेल से जो परिवर्तन आता है, उसे संधि कहते हैं। संधि के परिणामस्वरूप मिलने वाली किसी एक अथवा दोनों ध्वनियों में कोई न कोई परिवर्तन अवश्य आता है।

महा + ऋषि = महर्षि (आ + ऋ = अर्)

सत् + जन = सज्जन (त् + ज = ज्ज)

मनः + विज्ञान = मनोविज्ञान (: + वि = ओ)

वर्णों के इसी परिवर्तन के आधार पर संधि के तीन भेद किए जाते हैं।

संधि के भेद– 1. स्वर संधि, 2. व्यंजन संधि, 3. विसर्ग संधि आदि।

1. **स्वर संधि-** स्वर तथा स्वर के मेल से जो विकार (परिवर्तन) आता है, उसे 'स्वर संधि' कहते हैं।

उदाहरण– दिन + अंक = दिनांक (अ + अ = आ)

कवि + ईश = कवीश (इ + ई = ई)

प्रति + उत्तर = प्रत्युत्तर (इ + उ = यु)

स्वर संधि के भी पाँच भेद होते हैं–

(i) दीर्घ स्वर संधि– शिक्षा + आलय = शिक्षालय (आ + आ = आ)

कवि + ईश = कपीश (इ + ई = ई)

सु + उक्ति = सूक्ति (उ + उ = ऊ)

भू + ऊर्जा = भूर्जा (ऊ + ऊ = ऊ)

(ii) गुण स्वर संधि– यथा + इष्ट = यथेष्ट (आ + इ = ए)

राजा + ईश = राजेश (आ + ई = ए)

वीर + उचित = वीरोचित (अ + उ = ओ)

सप्त + ऋषि = सप्तर्षि (अ + ऋ = अर्)

(iii) वृद्धि स्वर संधि– परम + ऐश्वर्य = परमैश्वर्य (अ + ऐ = ऐ)

एक + एक = एकैक (अ + ए = ऐ)

महा + ओज = महौज (आ + ओ = औ)

दंत + ओष्ठ = दंतौष्ठ (अ + ओ = औ)

(iv) यण स्वर संधि– इति + आदि = इत्यादि (इ + आ = या)

अभि + उदय = अभ्युदय (इ + उ = यु)

अनु + एषण = अन्वेषण (उ + ए = वे)

मातृ + आज्ञा = मात्राज्ञा (ऋ + आ = रा)

(v) अयादि स्वर संधि– ने + अन = नयन (ए + अ = अय)

पौ + अक = पावक (औ + अ = आव)

भो + इष्य = भविष्य (ओ + इ = अवि)

नै + अक = नायक (ऐ + अ = आय)

2. **व्यंजन संधि**– जब किसी व्यंजन ध्वनि के साथ कोई स्वर या व्यंजन आता है, तो दोनों ध्वनियों के मेल से जो परिवर्तन होता है, उसे व्यंजन संधि कहते हैं।

उदाहरण–
वाक् + ईश = वागीश (व्यंजन + स्वर)
वि + सम = विषयम (स्वर + व्यंजन)
उत् + चारण = उच्चारण (व्यंजन + व्यंजन)
सम् + तोष = संतोष (व्यंजन + व्यंजन)

3. **विसर्ग संधि**– विसर्ग के बाद स्वर अथवा व्यंजन ध्वनि आने पर विसर्ग में जो विकार (परिवर्तन) आता है, उसे विसर्ग संधि कहते हैं।

उदाहरण–
तपः + भूमि = तपोभूमि (विसर्ग + व्यंजन)
निः + कपट = निष्कपट (विसर्ग + व्यंजन)
अतः + एव = अतएव (विसर्ग + स्वर)
यशः + अभिलाषा = यशोऽभिलाषा (विसर्ग + स्वर)

वस्तुनिष्ठ प्रश्न

सही उत्तर का चयन करें।

1. **अभीष्ट–**
(क) अभी + इष्ट (ख) अभि + ईष्ट
(ग) अभि + इष्ट (घ) अभ + ईष्ट

2. **गणेश–**
(क) गण + ईश (ख) गणि + ईश
(ग) गण + एश (घ) गण + ऐश

3. **जितेन्द्रिय–**
(क) जीत + इन्द्रिय (ख) जिते + इन्द्रिय
(ग) जित + इन्द्रिय (घ) जित्य + इन्द्रिय

4. **नमस्कार–**
(क) नमस् + आकार (ख) नमः + कार
(ग) नम् + स्कार (घ) नमः + आकार

5. **निस्तेज–**
(क) निसः + तेज (ख) नी + स्तेज
(ग) निः + तेज (घ) निस + तेज

6. **प्रत्युपकार–**
(क) प्रत्युप + अकार (ख) प्रत्यु + उपकार
(ग) प्रत्य + उपकार (घ) प्रति + उपकार

7. **प्राणोत्सर्ग–**
(क) प्राणो + त्सर्ग (ख) प्रणत + सर्ग
(ग) प्राणि + उत्सर्ग (घ) प्राण + उत्सर्ग

8. **स्वागत–**
(क) स्व + आगत (ख) स्वा + आगत
(ग) सु + आगत (घ) सु + वागत

9. **यशोधरा–**
(क) यश् + उधरा (ख) यशो + धरा
(ग) यश + अधरा (घ) यशः + धरा

10. **निरर्थक–**
(क) निः : अर्थक (ख) निर् + अर्थक
(ग) निरअ + र्थक (घ) निरा + अर्थक

11. **उत् + योग–**
(क) उत्तोग (ख) उद्योग
(ग) उत्योग (घ) उयोग्य

12. **गै + अक–**
(क) गैक (ख) गएक
(ग) गायक (घ) गावक

13. **तथा + एव–**
(क) तथ्येव (ख) तथैव
(ग) तथीव (घ) इनमें से कोई नहीं

14. **यशः + धरा–**
(क) यशद्धरा (ख) यशोधरा
(ग) यशधरा (घ) यद्धारा

15. **निः + उपाय–**

(क) निरुपाय (ख) निरोपाय

(ग) निरउपाय (घ) निरोपाय

प्रश्न 16 से 25 तक के प्रश्नों में चार विकल्प दिये गये हैं। सही उत्तर का चयन करें।

16. **कपीश–**

(क) दीर्घ सन्धि (ख) वृद्धि सन्धि

(ग) अयादि सन्धि (घ) यण् सन्धि

17. **रेखांश–**

(क) वृद्धि सन्धि (ख) दीर्घ सन्धि

(ग) गुण सन्धि (घ) यण् सन्धि

18. **चन्द्रोदय–**

(क) दीर्घ सन्धि (ख) वृद्धि सन्धि

(ग) गुण सन्धि (घ) अयादि सन्धि

19. **यद्यपि–**

(क) वृद्धि सन्धि (ख) दीर्घ सन्धि

(ग) गुण सन्धि (घ) यण् सन्धि

20. **अन्वेषण–**

(क) यण् सन्धि (ख) गुण सन्धि

(ग) अयादि सन्धि (घ) दीर्घ सन्धि

21. **अनु + एषण–**

(क) अनूषण (ख) अनुवैषण

(ग) अन्वेषण (घ) उक्त सभी

22. **चे + अन–**

(क) चैन (ख) चेन

(ग) चमान (घ) चयन

23. **दुः + प्रकृति–**

(क) दुष्कृति (ख) दुष्प्रकृति

(ग) दुप्रकृति (घ) दुरप्रकृति

24. **धौ + अक–**

(क) धौक (ख) धावक

(ग) धवक (घ) ध्वक

25. **रजनी + ईश–**

(क) रजनेश (ख) रंज्जेश

(ग) रजनीश (घ) राज्यीश

उत्तरमाला

1-(ग) अभि + इष्ट, 2-(क) गण + ईश, 3-(ग) जित् + इन्द्रिय, 4-(ख) नमः + कार, 5 (ग) निः + तेज, 6-(घ) प्रति + उपकार, 7-(घ) प्राण + उत्सर्ग, 8-(घ) सु + आगत, 9-(घ) यशः + धरा, 10-(क) निः + अर्थक, 11-(ख) उद्योग, 12-(ग) गायक, 13-(ख) तथैव, 14-(ख) यशोधरा, 15-(क) निरुपाय, 16-(क) दीर्घ सन्धि, 17-(ख) दीर्घ सन्धि, 18-(ग) गुण सन्धि, 19-(घ) यण् सन्धि, 20-(क) यण् सन्धि, 21-(ग) अन्वेषण, 22-(घ) चयन, 23-(ख) दुष्प्रकृति, 24-(ख) धावक, 25-(क) रजनीश।

11. समास

समास का अर्थ है– संक्षेप करना। जब दो या दो से अधिक शब्द मिलते हैं, तो उनके मध्य सम्बन्ध-सूचक शब्द हट जाते हैं और अनेक शब्दों के लिए एक समस्त पद बना लिया जाता है। जैसे- 'पर्ण से बनी हुई शाला' में पाँच शब्द हैं। इनमें से मुख्य दो शब्द **पर्ण** और **शाला** मिला देने से **पर्णशाला** शब्द बना, मध्य के तीन शब्द हट गये। इस प्रक्रिया को **समास** कहते हैं। इस प्रकार जो यौगिक शब्द **पर्णशाला** बना, उसे **समास** या **समस्त पद** या **सामासिक** पद कहते हैं।

सन्धि और समास में अन्तर

1. समास में दो पदों या शब्दों का योग होता है, सन्धि में दो वर्णों या ध्वनियों का योग होता है।

2. सन्धि को अलग करने (तोड़ने) को सन्धि-विच्छेद कहते हैं, जबकि **सामासिक** पदों के अलग करने को समास-विग्रह कहते हैं।

समास के भेद

समास के परम्परागत छः भेद हैं–

1. तत्पुरुष समास, 2. अव्ययीभाव समास, 3. द्वन्द्व समास, 4. द्विगु समास, 5. कर्मधारय समास, 6. बहुव्रीहि समास।

1. तत्पुरुष समास– तत्पुरुष समास में पूर्व पद गौण तथा उत्तर पद प्रधान होता है। दोनों पदों के मध्य परसर्ग का लोप होता है। परसर्ग- लोप के आधार पर तत्पुरुष समास के छः भेद हैं–

(क) **कर्म तत्पुरुष–** इसमें 'को' का लोप हो जाता है। जैसे-

परलोकगमन = परलोक को गमन। यशप्राप्त = यश को प्राप्त।

(ख) **करण तत्पुरुष–** इसमें 'से' या के द्वारा का लोप होता है। जैसे-

शोकाकुल = शोक से आकुल। तुलसीकृत = तुलसी द्वारा कृत।

(ग) **सम्प्रदान तत्पुरुष–** इसमें 'के लिए' का लोप होता है। जैसे-

युद्धभूमि = युद्ध के लिए भूमि। सत्याग्रह = सत्य के लिए आग्रह।

(घ) **अपादान तत्पुरुष–** इसमें 'से' का लोप होता है। जैसे-

जन्मान्ध = जन्म से अन्धा, धनहीन = धन से हीन।

(ङ) सम्बन्ध तत्पुरुष– इसमें 'का, की, के' का लोप होता है। जैसे-

जलधारा = जल की धारा। भारतरत्न = भारत का रत्न।

(च) अधिकरण तत्पुरुष– इसमें 'में, पर' का लोप होता है। जैसे-

नीतिनिपुण = नीति में निपुण। आत्मविश्वास = आत्म पर विश्वास।

2. अव्ययीभाव समास– अव्ययी भावसमास में पूर्वपद अव्यय होता है और यह वाक्य में क्रिया-विशेषण का कार्य करता है। जैसे-

यथास्थान = स्थान के अनुसार। प्रतिदिन = प्रत्येक दिन।

आजीवन = जीवन भर।

3. द्वन्द्व समास– इसमें पूर्व पद और उत्तर पद दोनों ही प्रधान होते हैं– अर्थात् अर्थ की दृष्टि से दोनों का स्वतन्त्र अस्तित्व होता है तथा उनके बीच में संयोजक शब्द का लोप होता है। जैसे-

पाप-पुण्य = पाप और पुण्य। रात-दिन = रात और दिन।

माता-पिता = माता और पिता।

4. द्विगु समास– इसमें पूर्व पद संख्यावाचक होता है तथा समस्त पद से समूह का बोध होता है। जैसे–

पंचकर्म = पाँच कर्मों का समूह। सप्तदीप = सात दीपों का समूह।

नवरत्न = नौ रत्नों का समूह।

5. कर्मधारय समास– इसमें पूर्वपद 'विशेषण' होता है और उत्तरपद 'विशेष्य' होता है अथवा दोनों पक्षों में उपमेय-उपमान का संबंध होता है। जैसे–

कालीमिर्च = काली है जो मिर्च। चन्द्रमख = चंद्रमा के समान मुख।

नीलकमल = नीला है जो कमल। विद्यारत्न = विद्या रूपी रत्न।

6. बहुव्रीहि समास– इसमें दोनों पदों के माध्यम से एक विशेष (तीसरे) अर्थ का बोध होता है। जैसे–

गिरिधर = गिरि को धारण करनेवाला अर्थात् श्रीकृष्ण। नीलकण्ठ = नीला है कण्ठ जिसका अर्थात् शिवजी।

मक्खीचूस = मक्खी को चूसने वाला अर्थात् कंजूस।

वस्तुनिष्ठ प्रश्न

दिये गये विकल्पों में से सही उत्तर का चयन करें–

1. अन्धविश्वास–
(क) बहुव्रीहि (ख) कर्मधारय
(ग) तत्पुरुष (घ) द्वन्द्व

2. लम्बोदर–
(क) तत्पुरुष (ख) कर्मधारय
(ग) बहुव्रीहि (घ) द्विगु

3. पंचवटी–
(क) द्वन्द्व (ख) तत्पुरुष
(ग) द्विगु (घ) कर्मधारय

4. अन्नजल–
(क) द्वन्द्व (ख) द्विगु
(ग) अव्ययीभाव (घ) बहुव्रीहि

5. बारहसिंगा–
(क) द्विगु (ख) बहुव्रीहि
(ग) कर्मधारय (घ) द्वन्द्व

6. कमलनयन–
(क) कर्मधारय (ख) बहुव्रीहि
(ग) अव्ययीभाव (घ) तत्पुरुष

7. घनश्याम–
(क) विशेषणपूर्व पद (ख) विशेषण उत्तर पद
(ग) उभय विशेषण पद (घ) इनमें से कोई नहीं

8. चन्द्रमुखी–
(क) कर्मधारय (ख) बहुव्रीहि
(ग) अव्ययीभाव (घ) द्वन्द्व

9. चरणकमल–
(क) द्वन्द्व (ख) द्विगु
(ग) बहुव्रीहि (घ) कर्मधारय

10. जलपानगृह–
(क) सम्प्रदान तत्पुरुष (ख) अपादान तत्पुरुष
(ग) सम्बन्ध तत्पुरुष (घ) अधिकरण तत्पुरुष

11. चतुर्भुज–
(क) बहुव्रीहि (ख) कर्मधारय
(ग) द्विगु (घ) द्वन्द्व

12. महापुरुष–
(क) द्विगु (ख) तत्पुरुष
(ग) कर्मधारय (घ) बहुव्रीहि

13. राम-लक्ष्मण–
(क) तत्पुरुष (ख) बहुव्रीहि
(ग) द्वन्द्व (घ) द्विगु

14. चक्रपाणि–
(क) तत्पुरुष (ख) द्वन्द्व
(ग) बहुव्रीहि (घ) द्विगु

15. इसमें से किसमें द्वन्द्व समास नहीं है?
(क) धन-धान्य (ख) घर-बाहर
(ग) हरिशंकर (घ) दिन-दिन

16. आगा-पीछा–
(क) कर्मधारय (ख) बहुव्रीहि
(ग) द्विगु (घ) द्वन्द्व

17. **अठन्नी–**

(क) तत्पुरुष (ख) द्विगु

(ग) बहुव्रीहि (घ) कर्मधारय

18. **सुखप्राप्त–**

(क) द्विगु (ख) तत्पुरुष

(ग) द्वन्द्व (घ) कर्मधारय

19. **इधर-उधर–**

(क) तत्पुरुष (ख) अव्ययीभाव

(ग) द्विगु (घ) द्वन्द्व

20. **लौहपुरुष–**

(क) कर्मधारय (ख) तत्पुरुष

(ग) बहुव्रीहि (घ) द्विगु

21. **निम्नलिखित में अव्ययीभाव समास किसमें है?**

(क) पंचप्यारे (ख) नवरत्न

(ग) भूखा-प्यासा (घ) आजन्म

22. **निम्नलिखित में कर्मधारय समास किसमें नहीं है?**

(क) चरणकमल (ख) लेन-देन

(ग) नीलाम्बर (घ) विद्यारत्न

23. **समास में–**

(क) दो या दो से अधिक शब्दों का मेल होता है।

(ख) दो या दो से अधिक स्वरों का मेल होता है।

(ग) दो या दो से अधिक पक्षों का मेल होता है।

(घ) दो या दो से अधिक वर्णों का मेल होता है।

24. **जिस समास में प्रथम पद संख्यावाचक हो, उसे कहते हैं–**

(क) तत्पुरुष (ख) द्विगु

(ग) द्वंद्व (घ) अव्ययीभाव

25. **'हाथोंहाथ' समस्दपद का उचित विग्रह है–**

(क) हाथ से हाथ मिलाना (ख) हाथ और हाथ

(ग) हाथी जैसे हाथ (घ) हाथ ही हाथ में

उत्तरमाला

1-(ख) कर्मधारय, 2-(ग) बहुव्रीहि समास, 3-(ग) द्विगु समास, 4-(क) द्वन्द्व समास, 5-(ख) बहुव्रीहि समास, 6-(क) कर्मधारय, 7-(ख) विशेषण उत्तर पद, 8-(ख) बहुव्रीहि समास, 9-(घ) कर्मधारय समास 10-(क) सम्प्रदान तत्पुरुष, 11-(क) बहुव्रीहि समास, 12-(ग) कर्मधारय समास, 13-(ग) द्वन्द्व समास, 14-(ग) बहुव्रीहि समास, 15-(ग) हरिशंकर, 16-(घ) द्वन्द्व समास, 17-(ख) द्विगु समास, 18-(ख) तत्पुरुष समास, 19-(घ) द्वन्द्व समास, 20-(क) कर्मधारय समास, 21-(घ) आजन्म, 22 (ख) लेन-देन, 23 (क) दो या दो से अधिक शब्दों का मेल होता है।, 24 (ख) द्विगु, 25 (घ) हाथ ही हाथ में।

12. वाच्य

वाच्य का अर्थ है वाणी या कथन।

क्रिया के जिस रूप से यह जाना जाता है कि वाक्य में क्रिया का मुख्य संबंध कर्ता, कर्म या भाव से है, वह वाच्य कहलाता है।

जैसे- 1. बालक आम खाता है।

2. बालक के द्वारा आम खाया जाता है।

इन दोनों ही वाक्यों में आम खाने की क्रिया घटित हो रही है। क्रिया करने वाला बालक (कर्त्ता) तथा खाई जाने वाली वस्तु आम (कर्म) है। पहले वाक्य में कर्त्ता के कार्य की प्रधानता है और दूसरे में कर्म की।

वाच्य के भेद- 1. कर्तृ वाच्य, 2. कर्म वाच्य, 3. भाव वाच्य।

1. **कर्तृ वाच्य-** जिस वाक्य में कर्त्ता मुख्य हो तथा क्रिया कर्त्ता के लिंग, वचन, पुरुष के अनुसार हो, उसे कर्तृ वाच्य कहते हैं। कर्तृ वाच्य के वाक्यों में अकर्मक व सकर्मक दोनों ही प्रकार की क्रियाएँ आ सकती हैं।

   अकर्मक क्रिया युक्त कर्तृ वाच्य के उदाहरण-

   (i) बच्चे हँस रहे थे। (ii) बालक दौड़ेगा।

   (iii) चिड़िया उड़ रही है। (iv) पिताजी सो गए।

   सकर्मक क्रिया युक्त कर्तृ वाच्य के उदाहरण-

   (i) अध्यापक पाठ पढ़ा रहे हैं। (ii) नौकर ने कपड़े धोए।

   (iii) हम लोग चाय पी रहे थे। (iv) माताजी खाना पकाएंगी।

2. **कर्म वाच्य-** जिस वाक्य में कर्म की प्रधानता हो तथा सकर्मक क्रिया के लिंग, वचन व पुरुष कर्म के अनुसार हो, उसे कर्म वाच्य कहते हैं।

   उदाहरण-

   (i) अध्यापक द्वारा पाठ पढ़ाया जा रहा है। (ii) नौकर के द्वारा कपड़े धोए गए।

   (iii) हम लोगों से चाय पी जा रही थी। (iv) माजाजी के द्वारा खाना पकाया जाएगा।

3. **भाव वाच्य-** जिस वाक्य में अकर्मक क्रिया का भाव मुख्य हो, उसे भाव वाच्य कहते हैं। इसमें क्रिया हमेशा पुल्लिंग एकवचन ही होती है।

   उदाहरण-

   (i) बच्चों से हँसा जा रहा था। (ii) बालक के द्वारा दौड़ा जाएगा।

   (iii) चिड़िया से उड़ा जा रहा है। (iv) पिताजी के द्वारा सोया गया।

स्मरण रखें-

- कर्तृ वाच्य के वाक्य का कर्म वाच्य व भाव वाच्य दोनों में परिवर्तन हो सकता है, किन्तु कर्म वाच्य व भाव वाच्य परस्पर नहीं बदल सकते।
- कर्म वाच्य की क्रिया सदैव सकर्मक होती है।
- भाव वाच्य की क्रिया सदैव अकर्मक होती है।

वस्तुनिष्ठ प्रश्न

1. वाच्य के भेद हैं–

(क) कर्तृ, कर्म, करण (ख) संज्ञा, कर्म, कारण

(ग) कर्तृ, कर्म, भाव (घ) कर्ता, कर्म, काल

2. कर्तृ वाच्य किसे कहते हैं–

(क) जिसमें क्रिया का लिंग, वचन, पुरुष कर्ता के आधार पर हो।

(ख) जिसमें क्रिया सकर्मक ही हो।

(ग) जिसमें कर्म की प्रधानता हो।

(घ) जहाँ भाव प्रधान हो।

3. 'रमा नहीं खाएगी' वाक्य का भाव वाच्य होगा–

(क) रमा खाएगी।

(ख) रमा खा नहीं सकती।

(ग) रमा द्वारा खाया जाएगा।

(घ) रमा द्वारा खाया नहीं जाएगा।

4. 'बालक से आया नहीं जाता' वाक्य का कर्तृ वाच्य होगा–

(क) बालक से आया नहीं जा सकता

(ख) बालक आएगा

(ग) बालक से आया नहीं गया

(घ) बालक नहीं आता

5. कक्षा में बच्चों से चिल्लाया जाता है– वाच्य भेद है–

(क) कर्तृ वाच्य (ख) कर्म वाच्य

(ग) भाव वाच्य (घ) करण वाच्य

6. लड़का चित्र बनाता है– वाच्य भेद है

(क) कर्तृ (ख) कर्म

(ग) भाव (घ) अकर्तृ

7. कर्तृ वाच्य की पहचान है–

(क) कर्त्ता के आधार पर क्रिया का लिंग, वचन होता है।

(ख) क्रिया अकर्मक ही होती है।

(ग) कर्त्ता के बाद से कारक चिह्न होता है।

(घ) इनमें से कोई नहीं।

8. कर्तृ वाच्य में किस क्रिया का प्रयोग होता है–

(क) अकर्मक (ख) सकर्मक

(ग) क और ख दोनों (घ) किसी का नहीं

9. कर्म वाच्य में क्रिया होती है–

(क) अकर्मक (ख) सकर्मक

(ग) संयुक्त (घ) प्रेरणार्थक

10. क्रिया के जिस रूप से .... की प्रधानता हो, उसे कर्म वाच्य कहते हैं–

(क) कर्त्ता (ख) कर्म

(ग) भाव (घ) उपर्युक्त सभी

11. कर्म वाच्य में क्रिया होती है–

(क) अकर्मक (ख) सकर्मक

(ग) क और ख दोनों (घ) उपर्युक्त कोई नहीं

12. भाव वाच्य का उदाहरण है–

(क) थोड़ी देर सो लिया जाए।

(ख) चलो पत्र लिखा जाए।

(ग) लड़का चित्र बनाता है।

(घ) मैंने खाना खाया।

13. 'आपका कार्य कर दिया जाएगा'– वाक्य किस वाच्य से संबंधित है–

(क) कर्म वाच्य (ख) अकर्मकवाच्य

(ग) कर्तृ वाच्य (घ) अकर्तृ वाच्य

14. .... पर पड़ने वाले कर्ता, कर्म व भाव के प्रभाव को वाच्य कहा जाता है–

(क) क्रिया (ख) कर्त्ता

(ग) पद (घ) वाक्य

15. 'विपिन द्वारा झूठ नहीं बोला गया होगा।' वाक्य में वाच्य है–

(क) कर्तृ वाच्य (ख) कर्म वाच्य

(ग) संज्ञा वाच्य (घ) संबंध वाच्य

16. 'राजीव ने पतंग उड़ाई' इसमें वाच्य है–

(क) कर्म वाच्य (ख) भाव वाच्य

(ग) कर्तृ वाच्य (घ) क और ख दोनों

17. 'सोहन तेज नहीं भाग सका।' वाक्य का भाव वाच्य होगा–

(क) सोहन तेज नहीं भाग सका।

(ख) सोहन से तेज नहीं भागा जाएगा।

(ग) सोहन से तेज नहीं भागा गया।

(घ) सोहन से तेज नहीं भागा जा सका।

18. 'वे उठ नहीं सके' वाक्य भेद है–

(क) भाव (ख) कर्म

(ग) अपादान (घ) कर्तृ

19. किन वाक्यों को कर्म वाच्य में बदला जा सकता है–

(क) सकर्मक क्रिया वाले

(ख) अकर्मक क्रिया वाले

(ग) संयुक्त क्रिया वाले

(घ) क और ख दोनों

20. 'आशा चित्र बनाती है'– कर्म वाच्य होगा–

(क) आशा चित्र बनाएगी।

(ख) आशा ने चित्र बनाया।

(ग) आशा से चित्र बनाया गया है।

(घ) आशा से चित्र बनाया जाता है।

21. 'महेश से हँसा गया'। वाक्य में वाच्य है–

(क) कर्म वाच्य (ख) कर्तृ वाच्य

(ग) क और ख दोनों (घ) भाव वाच्य

22. भाव वाच्य में क्रिया सदैव रहती है–

(क) अन्य पुरुष, पुल्लिंग, बहुवचन

(ख) अन्य पुरुष, पुल्लिंग, एकवचन

(ग) मध्यम पुरुष, पुल्लिंग, बहुवचन

(घ) अन्य पुरुष, स्त्रीलिंग, एकवचन

23. भाव वाच्य में क्रिया होती है–

(क) सकर्मक (ख) अकर्मक

(ग) भाव (घ) उपर्युक्त तीनों

24. 'अब यहाँ से चला जाए'– कर्तृ वाच्य में वाक्य होगा–

(क) अब यहाँ मत रूको।

(ख) अब यहाँ से चले जाओ।

(ग) अब यहाँ से चलें।

(घ) अब यहाँ से चले गए।

25. 'राहुल ने कपड़े बाँटे'– वाक्य किस वाच्य में परिवर्तित हो सकता है–

(क) कर्म वाच्य (ख) अकर्मक वाच्य

(ग) कर्तृ वाच्य (घ) भाव वाच्य

उत्तरमाला

1-(ग) कर्तृ, कर्म, भाव, 2-(क) जिसमें क्रिया का लिंग, वचन, पुरुष कर्ता के आधार पर हो।, 3-(घ) रमा द्वारा खाया नहीं जाएगा।, 4-(घ) बालक नहीं आता, 5-(ग) भाव वाच्य, 6-(क) कर्तृ, 7-(क) कर्त्ता के आधार पर क्रिया का लिंग, वचन होता है।, 8-(ग) क और ख दोनों, 9-(ख) सकर्मक, 10-(ख) कर्म, 11-(ख) सकर्मक, 12-(क) थोड़ी देर सो लिया जाए।, 13-(क) कर्म वाच्य, 14-(क) क्रिया, 15-(ख) कर्म वाच्य, 16-(ग) कर्तृ वाच्य, 17-(घ) सोहन से तेज नहीं भागा जा सका।, 18-(घ) कर्तृ, 19-(क) सकर्मक क्रिया वाले, 20-(घ) आशा से चित्र बनाया जाता है।, 21-(घ) भाव वाच्य, 22-(ख) अन्य पुरुष, पुल्लिंग, एकवचन, 23-(ख) अकर्मक, 24-(ग) अब यहाँ से चलें।, 25-(क) कर्म वाच्य।

13. मुहावरे व लोकोक्तियाँ

ऐसा वाक्यांश, जो सामान्य अर्थ का बोध न कराकर किसी विलक्षण अर्थ का बोध कराये, वह 'मुहावरा' कहलाता है।

- **मुहावरा** का अर्थ होता है– जनजीवन में प्रचलित ऐसा विशेष प्रयोग या वाक्यांश, जो लक्षणा या व्यंजना से सिद्ध हो और एक ही भाषा में प्रयुक्त होकर प्रकट (वास्तविक) अर्थ से अलग अर्थ दे। उदाहरणार्थ– **'नौ-दो ग्यारह होना'** का अर्थ होता है– भाग जाना। यह अर्थ व्यंजना से ही लिया जा सकता है, क्योंकि इस वाक्यांश का अर्थ तो होता है– नौ और दो मिलकर ग्यारह होना, किन्तु व्यंजना में अर्थ हुआ– भाग जाना।
- मुहावरों के लिए यह आवश्यक नहीं कि ये व्याकरण के नियमों से बँधे हों, किन्तु न तो इनके शब्द-स्थान को परिवर्तित किया जा सकता है और न ही किसी शब्द-विशेष के स्थान पर उसका पर्यायवाची शब्द प्रयोग किया जा सकता है। जैसे- वह अपना-पराया बहुत देखता है, के स्थान पर 'वह पराया-अपना बहुत देखता है' लिखना अशुद्ध प्रयोग है।
- **'कहावत'** या **'लोकोक्ति'** का तात्पर्य एक ऐसे वाक्य से है, जो चमत्कारी रूप से संक्षेप में, किन्तु पूर्ण वाक्य में किसी सत्य या नीति के आशय को स्पष्ट या सशक्त रूप में व्यक्त करता है और जो अधिक समय तक प्रयोग में आकर जनजीवन में प्रचलित हो गया हो। जैसे- दूध का जला छाछ भी फूँक-फूँक कर पीता है।
- मुहावरा और कहावत में कुछ विशेष अन्तर होता है–

1. 'मुहावरा' पूर्ण वाक्य नहीं होता है, जबकि कहावत या लोकोक्ति पूर्ण वाक्य होता है।
2. मुहावरे का स्वतन्त्र अस्तित्व नहीं होता। 'मुहावरा' किसी काव्य या वाक्य के अधीन रह कर ही प्रयुक्त हो सकता है, जबकि कहावत या लोकोक्ति की स्वतन्त्र सत्ता होती है और इसके द्वारा किसी कथन की पुष्टि की जाती है।
3. मुहावरे के प्रयोग से किसी कथन में चमत्कार उत्पन्न होता है, जबकि कहावत या लोकोक्ति किसी सत्य या नीति के आशय को स्पष्ट करता है।
4. मुहावरा छोटा होता है, जबकि लोकोक्तियाँ दीर्घ और भावपूर्ण होती हैं।
5. तीन-पाँच करना, जले पर नमक छिड़कना- मुहावरे हैं, जबकि 'तेते पाँव पसारिये जेती चादर होय', 'नाच न जाने आँगन टेढ़ा' तथा 'आम के आम गुठली के दाम'- ये कहावतें या लोकोक्तियाँ हैं।

वस्तुनिष्ठ प्रश्न

नीचे दिये गये मुहावरों के अर्थ के चार विकल्प दिये गये हैं। सही विकल्प का चयन कीजिए।

1. अँगूठा दिखाना–

(क) स्वीकार करना (ख) इनकार करना

(ग) इशारा करना (घ) मजाक करना

2. अन्धे के हाथ बटेर लगना–

(क) अयोग्य को पुरस्कार मिलना

(ख) अन्धे के हाथ कोई मूल्यवान वस्तु मिल जाना

(ग) अन्धे व्यक्ति को खुश करना

(घ) अनायास ही कोई वस्तु मिल जाना

3. अपना उल्लू सीधा करना–

(क) स्वावलम्बी बनना

(ख) अपना मतलब निकालना

(ग) कपटी होना

(घ) बदनाम करना

4. ईद का चाँद होना–

(क) बहुत दिनों बाद मिलना

(ख) बहुत दिनों बाद दिखायी देना

(ग) बहुत दिनों बाद खुशियाँ मनाना

(घ) दुर्लभ वस्तु होना

5. उँगली पकड़कर पहुँचा पकड़ना–

(क) प्रेमालाप करना

(ख) किसी महिला का हाथ पकड़ना

(ग) विरोधी का हाथ पकड़ लेना

(घ) किसी का थोड़ा-सा सहारा पाकर फिर सहारा देने वाले पर अधिकार जमा लेना

6. खटाई में पड़ना–

(क) कष्ट झेलना

(ख) अनिष्ट की आशंका होना

(ग) व्यवधान पड़ना

(घ) वैमनस्य होना

7. खून सूखना–

(क) बहुत भयभीत हो जाना

(ख) बहुत क्रोधित हो जाना

(ग) बहुत उत्साहित हो जाना

(घ) बहुत हानि हो जाना

8. चिकना घड़ा होना–

(क) अत्यन्त खूबसूरत व्यक्ति

(ख) मधुर वचन बोलने वाला

(ग) कपटी किन्तु हँसमुख होना

(घ) कुछ भी असर न होना

9. छाती पर साँप लेटना–

(क) ईर्ष्या होना

(ख) संकट में डाल देना

(ग) खतरनाक कार्य करना

(घ) विपत्ति में विचलित न होना

10. छाती पर मूँग दलना–

(क) विपत्ति में विचलित न होना

(ख) निकट रहकर निरन्तर कष्ट देते रहना

(ग) कुछ भी असर न होना

(घ) साहस पूर्वक सामना करना

11. जहर का घूँट पीना–

(क) विष पीकर आत्महत्या कर लेना

(ख) अत्यधिक शराब पीना

(ग) असह्य स्थिति को भी सहन करना

(घ) हानि हो जाने पर भी धैर्य न खोना

12. तलवा सहलाना–

(क) चरण स्पर्श करना (ख) सेवा करना

(ग) खुशामद करना (घ) स्वार्थ सिद्ध करना

13. दाँत काटी रोटी–

(क) परिश्रम से कमायी गयी पूँजी

(ख) जूठा भोजन

(ग) आपस में अत्यधिक घनिष्ठता

(घ) अनुचित साधन से अर्जित धन

14. दिल थामना–

(क) कष्ट सहना

(ख) अत्यधिक खुशी होना

(ग) आकर्षित होना

(घ) मन को समझाना

15. नाक का बाल होना–

(क) सम्मानित होना

(ख) उत्साहित होना

(ग) अत्यन्त कष्ट झेलना

(घ) अत्यन्त प्रिय होना

16. नाकों चने चबाना–

(क) असम्भव कार्य करना

(ख) बहुत कष्ट झेलना

(ग) अनुभवी होना

(घ) सही न्याय करना

17. पापड़ बेलना–

(क) बहुत कष्ट उठाना

(ख) मजदूरी करना

(ग) निम्नस्तरीय कार्य करना

(घ) उपकार करना

18. लोहा मानना–

(क) श्रेष्ठता स्वीकार करना

(ख) पराजित न होना

(ग) आतंकित होना

(घ) किसी से भयभीत होना

19. लोहे के चने चबवाना–

(क) कठिन संघर्ष करना

(ख) किसी को परेशान या परास्त करना

(ग) परेशानी में डालना

(घ) कठिन परिश्रम के लिए प्रेरित करना

20. **सूरज को दीपक दिखाना–**

(क) हाथ में दीपक लेकर सूर्य की पूजा करना

(ख) सूर्य की आरती करना

(ग) सुविख्यात व्यक्ति का परिचय देना

(घ) प्रसिद्ध व्यक्ति की निन्दा करना

प्रत्येक कथन के चार विकल्प दिये गये है, उपर्युक्त अर्थ के लिए सही मुहावरे का चयन करें।

21. **अपनी प्रशंसा करना–**

(क) शेखी बघारना

(ख) डींग हाँकना

(ग) अपने मुँह मियाँ मिट्ठू बनना

(घ) अपनी तारीफ के पुल बाँधना

22. **धोखा देना–**

(क) उल्लू बनाना

(ख) मनगढ़न्त बातें करना

(ग) आँखों में धूल झोंकना

(घ) बेपर की उड़ाना

23. **एकमात्र सहारा–**

(क) धरती की गोद (ख) नीली छतरीवाला

(ग) आँखों का तारा (घ) अन्धे की लाठी

24. **महामूर्ख के सामने वेदपाठ करना–**

(क) अन्धे के आगे रोना

(ख) भैंस के आगे बीन बजाना

(ग) बूढ़े तोते को पढ़ाना

(घ) रेत से तेल निकालना

25. **हृदयहीन व्यक्ति के आगे दया की याचना करना–**

(क) अन्धे के आगे रोना

(ख) पत्थर पर सिर पटकना

(ग) भैंस के आगे बीन बजाना

(घ) रेत से तेल निकालना

26. **अपने हाथों अपना ही अहित करना–**

(क) जिस थाली में खाना उसी में छेद करना

(ख) जिस डाल बैठना, उसी को काटना

(ग) घर-फूँक तमाशा देखना

(घ) अपने पैरों पर आप कुल्हाड़ी मारना

27. **गुण के विपरीत नामधारी व्यक्ति–**

(क) आँख का अन्धा नाम नयनसुख

(ख) गूँगी का नाम बड़बोली

(ग) धनीराम को भीकाराम कहना

(घ) भीकू को धनीराम कहना

28. **बिना परिश्रम के अप्रत्याशित लाभ होना–**

(क) अन्धे के हाथ बटेर लगना

(ख) छप्पर फाड़ कर मिलना

(ग) आँधी के आम

(घ) उचट कर लगना

29. **अत्यधिक शोर होना–**

(क) होहल्ला मचाना

(ख) कान के पास की आवाज न सुनना

(ग) आसमान सिर पर उठाना

(घ) कान फाड़ना

30. **संकट आया देखकर भाग जाना–**

(क) दुम दबा कर भागना

(ख) उड़न-छू होना

(ग) नौ-दो ग्यारह होना

(घ) सिर पर पैर रखकर भागना

नीचे दी गई लोकोक्तियों के चार विकल्पों में से सही विकल्प चुनें।

31. **आग लगने पर कुआँ खोदना–**

(क) तुरन्त काम में लग जाना।

(ख) विपत्ति आने पर निराकरण का उपाय करना।

(ग) आवश्यकता के अनुसार काम करना।

(घ) व्यर्थ भाग-दौड़ करना।

32. **होनहार बिरवान के होत चीकने पात–**

(क) जो व्यक्ति भविष्य में महान बनने वाले होते हैं, उनके गुण
बचपन में ही प्रकट हो जाते हैं।

(ख) कल्ले को देखकर पता चल जाता है कि यह कैसा पौधा है।

(ग) अच्छे पौधे की यह पहचान है कि उसके पत्ते चिकने होते हैं।

(घ) चिकने पत्तों को सब देखना चाहते हैं।

33. नाच न आवे, आँगन टेढ़ा–

(क) मूर्ख लोग बहाने बनाते हैं।

(ख) टेढ़े आँगन में नाच ठीक तरह नहीं होता।

(ग) शेखी मारना।

(घ) कार्य करने की क्षमता न होने पर दूसरों को दोष देना।

34. घर की मुर्गी दाल बराबर–

(क) घर में आसानी से प्राप्त होने वाली वस्तु का कोई महत्त्व नहीं होता।

(ख) घर में मुर्गी हो, तो उसको दाल की तरह रोज खाना।

(ग) घर में बनाया हुआ मुर्गी का शोरबा दाल की तरह अच्छा लगता है।

(घ) घर में पकायी हुई मुर्गी में स्वाद नहीं आता।

35. धोबी का कुत्ता घर का न घाट का–

(क) दल-बदल की हालत धोबी के कुत्ते की तरह हो जाती है।

(ख) धोबी के कुत्ते की कद्र नहीं होती।

(ग) किसी का भी विश्वासपात्र न होना।

(घ) कुत्ता धोबी के किसी काम में नहीं आता है।

36. कहाँ राजा भोज, कहाँ गंगू तेली–

(क) दोस्ती बराबर वालों की ही ठीक होती है।

(ख) अच्छी जगह से बुरी जगह जाना।

(ग) अमीरी के बाद गरीबी के दिन देखना।

(घ) बड़े लोगों के साथ छोटे लोगों की बराबरी नहीं हो सकती।

37. थोथा चना बाजे घना–

(क) अल्पज्ञ व्यक्ति बातें अधिक करता है।

(ख) ठलुआ व्यक्ति केवल बातें करता है।

(ग) थोथा चना आवाज बहुत करता है।

(घ) चने की आवाज से पता लग जाता है कि उसमें कितना पदार्थ है।

38. जल में रह कर मगर से बैर–

(क) पड़ोसी से दुश्मनी नहीं करनी चाहिए।

(ख) होशियारी से न रहना।

(ग) आगा-पीछा सोचे बिना व्यवहार करना।

(घ) अपने आश्रयदाता से शत्रुता करना।

39. अन्धे के आगे रोवे, अपना नैना (दीदा) खोवे–

(क) मूर्ख को समझाने से कोई लाभ नहीं होता।

(ख) नासमझ के सामने अपना दुख कहने से कोई लाभ नहीं होता।

(ग) जो कष्ट को न समझे, उसके आगे दुखड़ा कहने से लाभ नहीं।

(घ) अन्धे को राह बताने से काम नहीं चलता।

40. अन्धों में काना राजा–

(क) एक अमीर, अन्य सभी गरीब।

(ख) अन्धे लोग कानों की इज्जत करते हैं।

(ग) मूर्खों के बीच में थोड़ा चतुर व्यक्ति।

(घ) एक शरीफ, अन्य सभी बदमाश।

41. ऊँची दुकान फीका पकवान–

(क) बड़ी दुकानों पर सौदा महँगा मिलता है।

(ख) बड़े दुकानदार घटिया माल बेच देते हैं।

(ग) बड़े दुकानदार उधार नहीं देते हैं।

(घ) बाहरी दिखावा अधिक, किन्तु गुण या कर्मों का अभाव।

42. कंगाली में आटा गीला–

(क) गरीबी में आटा भी महँगा होता है।

(ख) निर्धनता में प्रत्येक चीज दुर्लभ है।

(ग) विपत्ति पर विपत्ति आना।

(घ) निर्धन व्यक्ति का बीमार होना।

43. का बरखा जब कृषि सुखानी–

(क) सिंचाई के समय वर्षा आवश्यक है।

(ख) अतिवृष्टि से फसल नष्ट हो जाती है।

(ग) अवसर निकल जाने पर पछताना मूर्खता है।

(घ) अवसर निकल जाने पर की गयी सहायता व्यर्थ होती है।

44. बन्दर क्या जाने अदरक का स्वाद–

(क) बन्दर के लिए अदरक विष है।

(ख) बन्दर को खाँसी-जुकाम नहीं होता।

(ग) मूर्ख किसी अच्छी वस्तु की कद्र नहीं करता।

(घ) बन्दर को अदरक पसन्द नहीं।

45. हाथ कंगन को आरसी क्या–

(क) खरा सोना परखते की आवश्यकता नहीं।

(ख) प्रत्यक्ष को प्रमाण की आवश्यकता नहीं।

(ग) कर्मठ को डरने की आवश्यकता नहीं।

(घ) कलाई के आभूषण को सुरक्षा की आवश्यकता नहीं।

46. अयोग्य व्यक्ति के आडम्बर करने पर कहा जाता है–

(क) थोथा चना, बाजे घना।

(ख) रंगा सियार।

(ग) ऊँची दुकान, फीका पकवान।

(घ) अधजल गगरी छलकत जाये।

47. 'गुण के विपरीत नाम या नाम के विपरीत काम करने' की लोकोक्ति है–

(क) धनीराम जी भीख माँगते।

(ख) आँखों के अन्धे नाम नयनसुख।

(ग) जेब काटते दीनदयाल।

(घ) चैत के चन्दा सो, मगर नाम है तारा।

48. 'बुरे आदमी के साथ भला आदमी भी कष्ट पाता है' इसके लिए 'कहावत' है–

(क) अन्य करे अपराध और फल पाये कोई अन्य।

(ख) रावन ने सीता हरी, बाँध्यो गयो समुद्र।

(ग) चोरी कर गये चोरी वाले, पकड़े गये दाढ़ी वाले।

(घ) गेहूँ के साथ घुन पिसना।

49. 'असमान व्यक्तियों की तुलना' के लिए लोकोक्ति है–

(क) भेड़-भेड़िया एक समझना।

(ख) कहाँ राम-राम, कहाँ टें-टें।

(ग) कहाँ राजा भोज, कहाँ गंगू तेली।

(घ) इनमें से कोई नहीं।

50. 'अधिक परिश्रम करने पर भी थोड़ा लाभ होना'-की लोकोक्ति है–

(क) समुद्र मथा, पर निकला जहर।

(ख) कुआँ खोदा, पर निकला चुल्लू भर पानी।

(ग) खोदा पहाड़, निकली चुहिया।

(घ) चढ़े हिमालय, मिली बतास।

उत्तरमाला

1-(ख) इनकार करना, 2-(घ) अनायास ही कोई वस्तु मिल जाना, 3-(ख) अपना मतलब निकालना, 4-(ख) बहुत दिनों बाद दिखायी देना, 5-(घ) किसी का थोड़ा-सा सहारा पाकर फिर सहारा देने वाले पर अधिकार जमा लेना, 6-(ग) व्यवधान पड़ना, 7-(क) बहुत भयभीत हो जाना, 8-(घ) कुछ भी असर न होना, 9-(क) ईर्ष्या होना, 10-(ख) निकट रहकर निरन्तर कष्ट देते रहना, 11-(ग) असह्य स्थिति को भी सहन करना, 12-(ग) खुशामद करना, 13-(ग) आपस में बहुत घनिष्ठता, 14-(घ) मन को समझाना, 15-(घ) अत्यन्त प्रिय होना, 16-(ख) बहुत कष्ट झेलना, 17-(क) बहुत कष्ट उठाना, 18-(क) श्रेष्ठता स्वीकार करना, 19-(घ) कठिन संघर्ष के लिए प्रेरित करना, 20-(ग) सुविख्यात व्यक्ति का परिचय देना, 21-(ग) अपने मुँह मियाँ मिटठू बनना, 22-(ग) आँखों में धूल झोकना, 23-(घ) अन्धे की लाठी, 24-(ख) भैंस के आगे बीन बजाना, 25-(ख) पत्थर पर सिर पटकना, 26-(घ) अपने पैरों पर आप कुल्हाड़ी मारना, 27-(क) आँख का अन्धा नाम नयनसुख, 28-(क) अन्धे के हाथ बटेर लगना, 29-(ग) आसमान सिर पर उठाना, 30-(घ) सिर पर पैर रखकर भागना, 31-(ख) विपत्ति आने पर निराकरण का उपाय करना, 32-(क) जो व्यक्ति भविष्य में महान बनने वाले होते है, उनके गुण बचपन में ही प्रकट हो जाते हैं, 33-(घ) कार्य करने की क्षमता न होने पर भी दूसरों को दोष देना, 34-(क) घर में आसानी से प्राप्त होने वाली वस्तु का कोई महत्त्व नहीं होता, 35-(ग) किसी का भी विश्वासपात्र न होना, 36-(घ) बड़े लोगों के साथ छोटे लोगों की बराबरी नहीं हो सकती, 37-(क) अल्पज्ञ व्यक्ति बातें अधिक करता है, 38-(घ) अपने आश्रयदाता से शत्रुता करना, 39-(ख) नासमझ के सामने अपना दुख कहने से कोई लाभ नहीं होता।, 40-(ग) मूर्खों के बीच में थोड़ा चतुर व्यक्ति, 41-(घ) बाहरी दिखावा अधिक, किन्तु गुण या कर्मों का अभाव, 42-(ग) विपत्ति पर विपत्ति आना, 43-(घ) अवसर निकल जाने पर की गयी सहायता व्यर्थ होती है, 44-(ग) मूर्ख व्यक्ति किसी अच्छी वस्तु की कद्र नहीं करता, 45-(ख) प्रत्यक्ष को प्रमाण की आवश्यकता नहीं, 46-(घ) अधजल गगरी छलकत जाये, 47-(ख) आँखों के अन्धे, नाम नयनसुख, 48-(घ) गेहूँ के साथ घुन पिसना, 49-(ग) कहाँ राजा भोज, कहाँ गंगू तेली, 50-(ग) खोदा पहाड़ निकली चुहिया।

14. अलंकार

काव्य की शोभा बढ़ाने वाले तत्त्वों को **'अलंकार'** कहते हैं। अलंकार का शाब्दिक अर्थ होता है– आभूषण या गहना। जिस प्रकार स्त्री की शोभा आभूषणों से होती है, उसी प्रकार काव्य की शोभा अलंकार से होती है। दूसरे शब्दों में काव्य की शोभा बढ़ाने वाले तत्वों को अलंकार कहते हैं।

अलंकार के भेद

1. **शब्दालंकार**– इसमें अलंकार किसी विशेष शब्द में होता है। उस शब्द के स्थान पर पर्यायवाची शब्द के प्रयोग से अलंकार या चमत्कार समाप्त हो जाता है।

   शब्दालंकार के भेद– (i) अनुप्रास, (ii) यमक, (iii) श्लेष, (iv) पुनरुक्तिप्रकाश।

   (i) अनुप्रास– एक ही वर्ण की बार-बार आवृत्ति को 'अनुप्रास' अलंकार कहते हैं। जैसे–

   चारु चन्द्र की चंचल किरणें, खेल रही हैं जल थल में।

   यहाँ (च) अक्षर में आवृत्ति के कारण 'अनुप्रास' है।

   (ii) यमक– जहाँ एक शब्द या शब्द समूह अनेक बार आये किन्तु उनका अर्थ प्रत्येक बार भिन्न हो, वहाँ 'यमक' अलंकार होता है। उदाहरण–

   कनक कनक ते सौगुनी मादकता अधिकाय।
   या खाये बौराय नर, वा पाये बौराय।

   यहाँ 'कनक' शब्द की भिन्न अर्थों में पुनरावृत्ति है। एक स्थान पर इसका अर्थ-स्वर्ण और दूसरे स्थान पर 'धतूरा' है।

   (iii) श्लेष– जहाँ एक ही शब्द के अनेक अर्थ निकलते हों, वहाँ 'श्लेष' अलंकार होता है। उदाहरण–

   चिरजीवौ जोरी जुरे, क्यों न सनेह गम्भीर।
   को घटि ये वृष भानुजा, वे हलधर के बीर।।

   यहाँ 'वृषमानुजा' शब्द के दो अर्थ हैं– वृषभानु की पुत्री अर्थात राधा तथा बैल (वृषभ + अनुजा)। इसी प्रकार 'हलधर के बीर' शब्द के दो अर्थ हैं– बलराम के भाई श्रीकृष्ण तथा बैल (हलधर) के भाई।

   (iv) पुनरुक्तिप्रकाश– जहाँ शब्द या शब्दों की आवृत्ति होती हैं किंतु अर्थ में भिन्नता नहीं होती, वहाँ पुनरुक्तिप्रकाश अलंकार होता है। उदाहरण–

   करत-करत अभ्यास के जड़मति होत सुजान।

   यहाँ 'करत' शब्द का दो बार आवृत्ति है, किंतु अर्थ एक ही है।

2. **अर्थालंकार**– जहाँ अर्थ के माध्यम से काव्य में चमत्कार होता हो अर्थालंकार होता है। इसमें शब्द विशेष के स्थान पर पर्यायवाची शब्द के प्रयोग से भी काव्य का चमत्कार या अलंकार यथावत रहता है।

   अर्थालंकार के भेद– (i) उपमा, (ii) रूपक, (iii) उत्प्रेक्षा, (iv) दृष्टांत, (v) संदेह, (vi) अतिशयोक्ति, (vii) विरोधाभास, (viii) मानवीकरण, (ix) अन्योक्ति आदि।

   (i) उपमा– जहाँ किसी वस्तु की विशेषता स्पष्ट करने के लिए दूसरी वस्तु से उसकी समता वर्णित की जाये, वहाँ 'उपमा' अलंकार होता है। 'उपमा' के चार अंग हैं– उपमेय, उपमान, साधारण धर्म और वाचक।

   जिस वस्तु की समता दिखायी जाती है, उसे **'उपमेय'** कहते हैं। जिस वस्तु से समता दी जाती है, उसे **'उपमान'** कहते हैं। जिस विशेषता के कारण उपमेय और उपमान में समता दिखायी जाती है, उसे **'साधारण धर्म'** कहते हैं, तथा 'उपमेय' और 'उपमान' की समता प्रकट करने वाले शब्द **'वाचक'** कहलाते हैं। उदाहरण–

'पीपर पात सरिस मन डोला।'

इस पंक्ति का अर्थ है- 'पीपल के पत्ते के समान मन डोलने लगा। इसमें 'मन' उपमेय है, 'पीपरपात' उपमान है, 'सरिस' (समान) वाचक है तथा 'डोला' साधारण धर्म है।

(ii) रूपक– जहाँ उपमान में उपमेय का भेदरहित आरोप किया जाये, अर्थात् उपमेय और उपमान को एक रूप कह दिया जाये, वहाँ 'रूपक' अलंकार होता है। उदाहरण–

बीती विभावरी जाग री।
अम्बर पनघट में डुबो रही, तारा घट ऊषा नागरी।

यहाँ अम्बर-पनघट, ताराघट, ऊषा-नागरी शब्दों में उपमेय और उपमान एक हो गये हैं, अत: 'रूपक' अलंकार है।

(iii) उत्प्रेक्षा– जहाँ 'उपमेय' में 'उपमान' की सम्भावना व्यक्त की जाये, वहाँ 'उत्प्रेक्षा' अलंकार होता है। इसमें जनु, मनु, जानो, इव जैसे वाचक शब्दों का प्रयोग किया जाता है। जैसे–

सोहत ओढ़े पीत पर, श्याम सलोने गात।
मनहुँ नीलमणि शैल पर आतप पर्योप्रभात।।

(iv) दृष्टांत– जहाँ किसी बात को स्पष्ट करने के लिए सादृश्य मूलक दृष्टान्त (उदाहरण) प्रस्तुत किया जाये, वहाँ 'दृष्टान्त' अलंकार होता है। उदाहरण–

मन मलीन तन सुन्दर कैसे। विष रस भरा कनक घट जैसे।

(v) संदेह– जहाँ अति समानता के कारण उपमेय और उपमान में अनिश्चय की स्थिति बनी रहे अर्थात् जब 'उपमेय' में अन्य वस्तु की शंका उत्पन्न हो जाये, तो वहाँ 'सन्देह' अलंकार होता है। उदाहरण–

सारी बीच नारी है या नारी बीच सारी है?
कि सारी ही की नारी है कि नारी ही की सारी है।।

यहाँ दु:शासन द्वारा खीचे गये द्रौपदी की साड़ी बढ़ कर उसका इतना अम्बार लग गया है कि यह सन्देह उत्पन्न होता है कि साड़ी के बीच नारी बैठी है या नारी ही साड़ी से बनी है।

(vi) अतिशयोक्ति– जहाँ किसी व्यक्ति या वस्तु का लोक मर्यादा के विरुद्ध बढ़ा-चढ़ाकर वर्णन किया जाता है, वहाँ 'अतिशयोक्ति' अलंकार होता है। उदाहरण–

यह शर इधर गाण्डीव धनु से भिन्न जैसे ही हुआ।
धड़ से जयद्रथ का उधर सिर छिन्न वैसे ही हुआ।

यहाँ धनुष से बाण जैसे ही छूटा, जयद्रथ का सिर कट गया। अभी बाण 'सिर' से लगना बाकी ही था। अत: यहाँ अतिशयोक्ति' अलंकार है।

(vii) विरोधाभास– जहाँ काव्य में विरोध का आभास प्रकट होता है, परंतु विरोध नहीं होता, वहाँ विरोधाभास अलंकार होता है। उदहारण–

या अनुरागी चित्त की गति समुझें नहिं कोई।

ज्यौं-ज्यौं बूढ़ै स्याम रंग, त्यौ-त्यौ उज्जवल होई।।

(viii) मानवीकरण– जहाँ प्रकृति, पदार्थ अथवा अमूर्त भावों को मानव के रूप में चित्रित किया जाता है, वहाँ 'मानवीकरण' अलंकार होता है। उदाहरण–

दिवसान का समय, मेघमय आसमान से, उतर रही है।
वह सन्ध्या सुन्दरी, परी-सी, धीरे-धीरे-धीरे।

(ix) अन्योक्ति– अन्य + उक्ति = अन्योक्ति। वह कथन या उक्ति, जो कही किसी अन्य से और सुनायी किसी अन्य को जाये, अर्थात् प्रस्तुत का वर्णन अप्रस्तुत के माध्यम से किया जाये, वहाँ 'अन्योक्ति' अलंकार होता है। उदाहरण–

नहिं पराग नहिं मधुर मधु, नहिं विकास इहि काल।
अलि कली ही सौ बिन्ध्यो, आगे कौन हवाल।

वस्तुनिष्ठ प्रश्न

1. जहाँ 'उपमेय' में 'उपमान' की सम्भावना की जाये, वहाँ कौन-सा अलंकार होता है?

(क) उत्प्रेक्षा (ख) रूपक
(ग) उपमा (घ) अतिशयोक्ति

2. *उदित उदयगिरि मंच पर, रघुवर बाल पतंग।*
विकसे सन्त सरोज सब, हरषे लोचन भृंग॥

(क) उपमा (ख) उत्प्रेक्षा
(ग) रूपक (घ) श्लेष

3. *बीती विभावरी जाग री–*
अम्बर पनघट में डुबो रही, ताराघट ऊषा नागरी।

(क) उत्प्रेक्षा (ख) उपमा
(ग) रूपक (घ) उपमेयोपमा

4. *'रघुपति राघव राजाराम'*

(क) वीप्सा (ख) पुनरुक्ति
(ग) पुनरुक्तवदाभास (घ) अनुप्रास

5. *मैया मैं तो चन्द्र खिलौना लैहों'*

(क) उत्प्रेक्षा (ख) अन्योक्ति
(ग) अनुप्रास (घ) रूपक

6. *रहिमन पानी राखिये, बिन पानी सब सून।*
पानी गये न ऊबरे, मोती, मानुस चून॥

(क) श्लेष (ख) उपमा
(ग) रूपक (घ) अतिशयोक्ति

7. *तरनि तनूजा तट तमाल, तरुवर बहु छाये।*

(क) शब्दालंकार (ख) अर्थालंकार
(ग) श्लेष (घ) यमक

8. *चारु चन्द्र की चंचल किरणें, खेल रही थीं जल थल में।*

(क) यमक (ख) अनुप्रास
(ग) श्लेष (घ) उपमा

9. *चरण कमल बन्दौ हरिराई।*

(क) उपमा (ख) रूपक
(ग) अनुप्रास (घ) श्लेष

10. *'हरिपद कोमल कमल से'–*

(क) श्लेष (ख) उपमा
(ग) प्रतीप (घ) उत्प्रेक्षा

11. *सुबरन को खोजत फिरत, कवि व्यभिचारी चोर।*

(क) उत्प्रेक्षा (ख) उपमा
(ग) श्लेष (घ) रूपक

12. पीपर पात सरिस मन डोला–

(क) उपमा (ख) अनुप्रास
(ग) यमक (घ) मानवीकरण

13. तीन बेर खाती थीं वो तीन बेर खाती हैं–

(क) अनुप्रास (ख) यमक
(ग) पुनरुक्तिप्रकाश (घ) उपमा

14. *हनुमान की पूंछ में, लगन न पाई आग।*
लंका सिगरी जरि गई, गए निसाचर भाग॥

(क) अनुप्रास (ख) श्लेष
(ग) उत्प्रेक्षा (घ) अतिशयोक्ति

15. मधुर-मधुर मेरे दीपक जल–

(क) रूपक (ख) उपमा
(ग) यमक (घ) पुनरुक्तिप्रकाश

16. 'मेघ आए बन ठन के'–

(क) उपमा (ख) यमक
(ग) मानवीकरण (घ) उपमा

17. कहे कवि बेनी, बेनी ब्याल की चुराई लीन्हीं–

(क) रूपक (ख) यमक
(ग) मानवीकरण (घ) उपमा

18. **मुख बाल रवि सम लाल होकर ज्वाल-सा बोधित हुआ–**

(क) मानवीकरण (ख) उपमा
(ग) श्लेष (घ) यमक

19. **शशि-मुख पर घूंघट डाले–**

(क) रूपक (ख) अतिशयोक्ति
(ग) मानवीकरण (घ) अनुप्रास

20. **कर का मनका डारि दे, मन का मनका फेर–**

(क) अनुप्रास (ख) मानवीकरण
(ग) उपमा (घ) यमक

21. **हाय फूल-सी कोमल बच्ची हुई राख की ढेरी–**

(क) उपमा (ख) रूपक
(ग) अनुप्रास (घ) अतिशयोक्ति

22. **आए महंत वसंत–**

(क) अनुप्रास (ख) रूपक
(ग) उपमा (घ) पुनरुक्तिप्राकश

23. **'मखमल का झूल पड़ा हाथी-सा टीला–**

(क) रूपक (ख) यमक
(ग) उपमा (घ) पुनरुक्तिप्रकाश

24. **काली घटा का घमंड छटा–**

(क) उपमा (ख) रूपक
(ग) उत्प्रेक्षा (घ) यमक

25. **विमल वाली ने वीणा ली–**

(क) अनुप्रास (ख) श्लेष
(ग) रूपक (घ) उत्प्रेक्षा

उत्तरमाला

1-(क) उत्प्रेक्षा, 2-(ग) रूपक, 3-(ग) रूपक, 4-(घ) अनुप्रास, 5-(घ) रूपक, 6 (क) श्लेष, 7-(क) शब्दालंकार, 8-(ख) अनुप्रास, 9-(ख) रूपक, 10-(ख) उपमा, 11-(ग) श्लेष, 12-(क) उपमा, 13-(ख) यमक, 14-(घ) अतिशयोक्ति, 15-(घ) पुनरुक्तिप्रकाश, 16-(ग) मानवीकरण, 17-(ख) यमक, 18-(ख) उपमा, 19-(क) रूपक, 20-(घ) यमक, 21-(क) उपमा, 22-(ख) रूपक, 23-(ग) उपमा, 24-(घ) यमक, 25-(क) अनुप्रास।

15. विराम चिह्न

'विराम' शब्द का अर्थ है– 'रुकना'।

मौखिक भाषा में वाक्यों को बोलते समय कब कहाँ कितना रुकना है, रुकते समय उस वाक्य के द्वारा कोई सूचना देनी है, प्रश्न पूछना है या आश्चर्य प्रकट करना है आदि युक्तियों को लिखित भाषा में व्यक्त करने के लिए जो 'चिह्न' बनाए गए हैं, उन्हें 'विराम चिह्न' कहते हैं।

विराम-चिह्नों के प्रयोग से लिखित भाषा में स्पष्टता, सहजता, बोधगम्यता आदि गुण आ जाते हैं तथा पाठक वक्ता के कथन/आशय को सुगमता से समझ लेता है।

विराम-चिह्नों के स्थान परिवर्तन मात्र से अर्थ भी परिवर्तित हो जाता है। जैसे–

1. रोको, मत जाने दो
2. रोको मत, जाने दो

इसी तरह एक ही वाक्य को तीन अलग-अलग लहज़े में बोला जा सकता है।

1. आज किरण नाचेगी। (सूचना देने वाला सामान्य कथन)
2. आज किरण नाचेगी? (प्रश्नवाचक वाक्य)
3. आज किरण नाचेगी! (आश्चर्य प्रकट करने वाला / विस्मयादिबोधक वाक्य)

प्रमुख विराम चिह्न–

नाम	चिह्न	नाम	चिह्न	नाम	चिह्न
1. पूर्ण विराम	(।)	2. अल्प विराम	(,)	3. अर्ध विराम	(;)
4. विस्मयवाचक/संबोधन	(!)	5. प्रश्नवाचक	(?)	6. उद्धरण	(" ", ' ')
7. योजक	(-)	8. निर्देशक	(—)	9. विवरण	(:-)
10. लाघव	(॰)	11. कोष्ठक	([ ])	12. त्रुटिपूरक या हंसपद	(^, ⁁)

1. पूर्ण विराम चिह्न (।)

पूर्ण विराम का अर्थ है– वक्ता द्वारा अपना कथन समाप्त करने के बाद पूरी तरह रुक जाना। यह चिह्न वाक्य की समाप्ति पर तथा नया वाक्य आरम्भ होने से पूर्व लगाया जाता है; जैसे– कल पंदह अगस्त है। इस दिन हमारा देश स्वतंत्र हुआ था। यह हमारा राष्ट्रीय पर्व है।

विशेष- प्रश्नवाचक तथा विस्मयवाचक वाक्यों के अंत में पूर्ण विराम चिह्न का प्रयोग नहीं किया जाता।

2. अर्ध विराम चिह्न (;)

वाक्य के मध्य में जब वक्ता 'पूर्ण विराम' से कुछ कम तथा 'अल्प विराम' से कुछ अधिक समय के लिए रूकता है, तब अर्ध विराम चिह्न का प्रयोग किया जाता है।

इस चिह्न का प्रयोग संयुक्त वाक्यों के उपवाक्यों के बीच में तथा उदाहरण सूचक शब्द 'जैसे' से पूर्ण किया जाता है; जैसे– (क) अतिथि आने वाले हैं; माता जी खाना पका रही हैं। (ख) संज्ञा के स्थान पर प्रयुक्त होने वाले शब्द सर्वनाम कहलाते हैं; जैसे– मैं, तुम, कोई, यह आदि।

3. अल्प विराम चिह्न (,)

वाक्य के मध्य में जब वक्ता अर्ध विराम से भी कम समय के लिए रुकता है, तब अल्पविराम चिह्न का प्रयोग किया जाता है।

इस चिह्न का प्रयोग वाक्य में समान पदों को अलग दिखाने के लिए, उपाधियाँ अलग करने, हाँ/नहीं के बाद, पत्र-लेखन में अभिवादन, समापन व पता लिखते समय किया जाता है; जैसे–

(क) मेरा मित्र बाज़ार से सेब, संतरा, अनार, अंगूर और तरबूज लाया।

(ख) एम०ए०, बी०एड०

(ग) नहीं, मैं तुम्हारे साथ नहीं चल सकता।

(घ) 21 मई, 2022

(ङ) पूज्य पिताजी,

(च) भवदीय,

4. विस्मयवाचक चिह्न व संबोधन चिह्न (!)

वाक्यों में वक्ता के आश्चर्य, प्रसन्नता, शोक, घृणा, भय आदि मनोभावों को व्यक्त करने के लिए लिखित भाषा में वाक्यों के आरम्भ में विस्मय सूचक शब्दों (अरे, वाह, हाय, छिः, उफ़, हे राम आदि) के बाद में तथा ऐसे वाक्यों के अंत में यह चिह्न लगाया जाता है।

संबोधन सूचक बच्चों के बाद भी इसी चिह्न का प्रयोग करते हैं; जैसे–

(क) अरे! तुम आ गए!

(ख) वाह! कितना मनोरम दृश्य!

(ग) हे राम! ये सब क्या हो गया!

(घ) भाइयो और बहनो! स्वतंत्रता हमारा जन्मसिद्ध अधिकार है।

5. प्रश्नवाचक चिह्न (?)

वाक्य में जब कोई प्रश्न पूछा जाता है, तब ऐसे वाक्य के अंत में प्रश्नवाचक चिह्न का प्रयोग किया जाता है; जैसे-

(क) तुम्हारी परीक्षा कब समाप्त होगी?

(ख) क्या सोहन ईमानदार व परिश्रमी है?

6. उद्धरण चिह्न (“ ”, ‘ ’)

किसी व्यक्ति के कथन को ज्यों का त्यों प्रस्तुत करने के लिए दोहरे उद्धरण चिह्न (“ ”) का प्रयोग करते हैं, जबकि किसी व्यक्ति के नाम, उपनाम, पुस्तक का नाम आदि लिखते समय इकहरे उद्धरण चिह्न (‘ ’) का प्रयोग करते हैं; जैसे–

(क) नेताजी ने कहा था, “तुम मुझे खून दो, मैं तुम्हें आज़ादी दूँगा।”

(ख) ‘रामचरित मानस’ भक्तिकालीन संत कवि ‘तुलसीदस’ की अमर रचना है।

7. योजक चिह्न (–)

दो पदों को जोड़ने या अलग करने के लिए योजक-विभाजक चिह्न का प्रयोग करते है। इस चिह्न का प्रयोग निम्न स्थितियों में करते हैं–

तत्पुरुष तथा द्वंद्व समास के पदों के बीच, द्वित्व शब्दों के मध्य, तुलना सूचक सा/सी/से के साथ, शब्द युक्मों के मध्य। जैसे-

(क) भाई-बहन, सगे-संबंधी

(ख) धीरे-धीरे, अच्छे-अच्छे

(ग) राम-सा, गंगा-सी

(घ) चाय-वाय, पानी-वानी।

8. निर्देशक चिह्न (–)

इसका आकार योजक चिह्न से कुछ बड़ा होता है। इसका प्रयोग किसी पद/पदबंध/वाक्यांश की व्याख्या के लिए, संवादों में वक्ता के नाम के बाद, 'जैसे' के बाद, किसी व्यक्ति के उद्धृत कथन से पूर्व किया जाता है; जैसे–

(क) सर्वज्ञ का अर्थ है– सब कुछ जानने वाला।

(ख) आकाश– शिवम! तुम मेरे घर चलो।

(ग) वर्णों के सार्थक मेल को शब्द कहते हैं; जैसे–

(घ) गांधी जी ने कहा था– "अहिंसा परम धर्म है।"

9. विवरण चिह्न (:-)

इस चिह्न का प्रयोग भी निर्देशक चिह्न की भाँति सूचना या निर्देश आदि को दर्शाने या विवरण देने के लिए किया जाता है; जैसे–

(क) रचना के आधार पर वाक्य के भेद हैं:-

(ख) कविता की व्याख्या नीचे दी जा रही है:-

10. लाघव चिह्न (◦)

बड़ों अंशों / शब्दों को संक्षेप में लिखने के लिए लाघव चिह्न का प्रयोग किया जाता है; जैसे–

डॉक्टर - डॉ◦, दिल्ली नगर निगम - दि◦न◦नि◦, बैचुलर ऑफ साइंस - बी◦एससी◦

11. कोष्ठक चिह्न (( ))

क्रम सूचक वर्णों या अंकों के साथ, कठिन शब्दों के स्पष्टीकरण के लिए, अधिक जानकारी देने के लिए कोष्ठक चिह्न का प्रयोग किया जाता है; जैसे–

क. (क), (ख), (ग), (1), (2), (3)

ख. कर्म के आधार पर क्रिया दो प्रकार की है– अकर्मक (कर्म की अपेक्षा न करने वाली) तथा सकर्मक (कर्म की अपेक्षा करने वाली)।

ग. माननीय नरेन्द्र मोदी (प्रधानमंत्री, भारत सरकार) विदेश गए हैं।

12. त्रुटिपूरक या हंसपद (∧, ⅄)

वाक्य लिखते समय यदि कोई शब्द छूट जाए तो यह चिह्न लगाकर छूटे हुए शब्द को लिखते हैं; जैसे-

(क) हमें अपना कार्य ∧ (समय से) करना चाहिए।

(ख) मैं पिताजी के साथ ⅄ (घूमने) गया।

वस्तुनिष्ठ प्रश्न

1. (!) कौन-सा विराम-चिह्न है–

(क) संबोधन चिह्न

(ख) विस्मय सूचक चिह्न

(ग) (क) और (ख) दोनों

(घ) उपर्युक्त में से कोई नहीं

2. निम्नलिखित में से किसे 'त्रुटिपूरक चिह्न' भी कहते हैं–

(क) अपूर्ण विराम (ख) विस्मयसूचक

(ग) प्रश्नवाचक (घ) हंसपद

3. योजक चिह्न (-) का प्रयोग नहीं होता–

(क) पुनरुक्त शब्दों के मध्य

(ख) क्रिया पदों के मध्य

(ग) विलोम शब्दों के मध्य

(घ) शब्द-युग्म के मध्य

4. **अर्धविराम का चिह्न है–**

(क) ! (ख) ;

(ग) , (घ) :

5. **किसी के कथन को ज्यों का त्यों लिखते समय आरम्भ व अन्त में कौन-सा विराम चिह्न लगाते हैं–**

(क) योजक (ख) निर्देशक

(ग) कोष्ठक (घ) उद्हरण चिह्न

6. **पूर्णविराम का प्रयोग किन वाक्यों के अंत में नहीं किया जाता–**

(क) प्रश्नवाचक

(ख) विस्मयसूचक

(ग) सामान्य कथन

(घ) (क) और (ख) दोनों

7. **लाघव चिह्न का प्रयोग किया जाता है–**

(क) किसी शब्द को संक्षेप में लिखने के लिए

(ख) किसी वाक्य को संक्षेप में लिखने के लिए

(ग) (क) और (ख) दोनों

(घ) उपर्युक्त में से कोई नहीं

8. **विराम चिह्न (;) का नाम है–**

(क) अल्प (ख) उप विराम

(ग) अद्र्ध विराम (घ) पूर्ण विराम

9. **उचित विराम चिह्न युक्त वाक्य छाँटिए–**

(क) बच्चों, आप हमारे देश का भविष्य हैं।

(ख) बच्चों- आप हमारे देश का भविष्य हैं।

(ग) बच्चों, आप हमारे देश का भविष्य हैं!

(घ) बच्चों आप हमारे देश का भविष्य हैं।

10. **विराम-चिह्नों के उचित प्रयोग से भाषा .... बनती है।**

(क) सरल व सरस (ख) आलंकारिक

(ग) प्रभावशाली (घ) व्यवस्थित व स्पष्ट

11. **किस वाक्य में पूर्ण विराम का प्रयोग नहीं किया जाता–**

(क) सकारात्मक (ख) नकारात्मक

(ग) विस्मयादिसूचक (घ) इच्छा सूचक

12. **'बालक सोते-सोते अचानक चौंक गया।' वाक्य में 'सोते-सोते' के बीच कौन-सा विराम-चिह्न लगा है–**

(क) योजक चिह्न (ख) अवतरण चिह्न

(ग) निर्देशक चिह्न (घ) लाघव चिह्न

13. **'नाच गाना' शब्द युग्म के मध्य कौन-सा विराम चिह्न लगेगा–**

(क) अल्प विराम (ख) निर्देशक

(ग) उद्धरण (घ) योजक

14. **किसी पुस्तक, पाठ, लेखक आदि के नाम को किस विराम चिह्न के प्रयोग से विशेष दिखाया जाता है–**

(क) उद्धरण चिह्न (ख) एकल उद्धरण चिह्न

(ग) दुहरा उद्धरण चिह्न (घ) निर्देशक चिह्न

15. **उचित विराम-चिह्न युक्त वाक्य नहीं है–**

(क) ''माँ ने कहा था, वह खाना बनाकर बाज़ार जाएँगी।''

(ख) छायावाद के चार प्रमुख कवि हैं– ''प्रसाद, पंत, निराला तथा महादेवी।''

(ग) ''स्वतंत्रता हमारा जन्मसिद्ध अधिकार है'' –बाल गंगाधर तिलक

(घ) 'गोदान' भारतीय कृषक-जीवन का यथार्थ चित्रण है।

16. **उचित विराम-चिह्न युक्त वाक्य है–**

(क) गणतंत्र दिवस परेड में बच्चे, बूढ़े, स्त्री एवम् पुरुष सभी एकात्रित हुए।

(ख) गणतंत्र-दिवस– परेड में बच्चे, बूढ़े, स्त्री एवम् पुरुष सभी एकत्रित हुए।

(ग) गणतंत्र दिवस 'परेड' में बच्चे; बूढ़े; स्त्री एवम् पुरुष सभी एकत्रित हुए।

(घ) गणतंत्र दिवस परेड में बच्चे, बूढ़े, स्त्री, एवम् पुरुष सभी एकत्रित हुए!

17. **विस्मयावाचक चिह्न किस मनोभाव को प्रकट नहीं करता–**

(क) प्रसन्नता (ख) घृणा

(ग) आश्चर्य (घ) संदेह

18. **'जो हँस नहीं सका .... वह जी नहीं सका। रिक्त स्थान के लिए उचित विरामचिह्न है–**

(क) ; (ख) ,

(ग) : (घ) ?

19. **उचित विरामचिह्न युक्त वाक्य है–**
   (क) बंदर ने हाथी से कहा– ''नदी गहरी है, मैं तैर कर उस पार नहीं जा सकता हूँ।''
   (ख) बंदर ने हाथी से कहा: ''नदी गहरी है, मैं तैर कर, उस पार नहीं जा सकता हूँ।''
   (ग) बंदर ने हाथी से कहा– ''नदी गहरी है; मैं तैर कर उस पार नहीं जा सकता हूँ।''
   (घ) बंदर ने हाथी से कहा– 'नदी गहरी है, मैं तैर कर उस पार नहीं जा सकता हूँ।'

20. **किस वाक्य में विराम-चिह्न का अनुपयुक्त प्रयोग हुआ है–**
   (क) इस समय धर्म का नहीं, पांडव-सेना की विजय का प्रश्न है–
   (ख) हैलो रोहन! तुम कैसे हो?
   (ग) संवाद वाचन की विशेषता है– भावानुरूप प्रस्तुति।
   (घ) ''एक फूल की चाह'' पर आधारित नुक्कड़-नाटिका।

21. **किस वाक्य में विराम चिह्न का सही प्रयोग है–**
   (क) गीता में कहा गया है, कर्म करो, फल की चिंता मत करो।
   (ख) गीता में कहा गया है, ''कर्म करो, फल की चिंता मत करो।''
   (ग) गीता में कहा गया है कर्म करो फल की चिंता मत करो।
   (घ) गीता में कहा गया है– 'कर्म करो। फल की चिंता मत करो।'

22. **सही विराम चिह्न वाला वाक्य है–**
   (क) छि: तुमने तो, नाम ही डुबो दिया।
   (ख) छि: तुमने! तो नाम ही डुबो दिया।
   (ग) छि:! तुमने तो नाम ही डुबो दिया।
   (घ) छि:, तुमने तो नाम ही डुबो दिया।

23. **उचित विराम-चिह्न युक्त वाक्य है–**
   (क) राम! तुम अब सो जाओ।
   (ख) अरे, आप आ गए।
   (ग) गोपाल! मेरे साथ चलो!
   (घ) राधा, मैं कब से तुम्हारी प्रतीक्षा कर रहा हूँ?

24. **द्वंद्व समास के दोनों पदों के बीच किस विराम-चिह्न का प्रयोग होता है–**
   (क) विवरण चिह्न (ख) पूर्ण विराम चिह्न
   (ग) अर्द्ध विराम चिह्न (घ) योजक चिह्न

25. **किस वाक्य में विराम-चिह्न का सही प्रयोग नहीं हुआ है–**
   (क) पिता-पुत्र दोनों ने मंदिर की परिक्रमा की।
   (ख) नहीं! यह नहीं हो सकता;
   (ग) बुद्ध ने घर-घर जाकर लोकसेवा की।
   (घ) जी हाँ, मैं भी आपके साथ बाज़ार चलूँगा।

उत्तरमाला

1-(ग) (क) और (ख) दोनों, 2-(घ) हंसपद, 3-(ख) क्रिया पदों के मध्य, 4-(ख) ;, 5-(घ) उद्हरण चिह्न, 6-(घ) (क) और (ख) दोनों, 7-(क) किसी शब्द को संक्षेप में लिखने के लिए, 8-(ग) अर्द्ध विराम, 9-(क) बच्चों, आप हमारे देश का भविष्य हैं।, 10-(घ) व्यवस्थित व स्पष्ट, 11-(ग) विस्मयादिसूचक, 12-(क) योजक चिह्न, 13-(घ) योजक, 14-(ख) एकल उद्धरण चिह्न, 15-(क) ''माँ ने कहा था, वह खाना बनाकर बाज़ार जाएँगी।'', 16-(क) गणतंत्र दिवस परेड में बच्चे, बूढ़े, स्त्री एवम् पुरुष सभी एकात्रित हुए।, 17-(घ) संदेह, 18-(ख) (,), 19-(क) बंदर ने हाथी से कहा– ''नदी गहरी है, मैं तैर कर उस पार नहीं जा सकता हूँ।'', 20-(क) इस समय धर्म का नहीं, पांडव-सेना की विजय का प्रश्न है–, 21-(ख) गीता में कहा गया है, ''कर्म करो, फल की चिंता मत करो।'', 22-(ग) छि:! तुमने तो नाम ही डुबो दिया।, 23-(क) राम! तुम अब सो जाओ।, 24-(घ) योजक चिह्न, 25-(ख) नहीं! यह नहीं हो सकता।

16. पत्र-लेखन

मनुष्य के भावों, सूचनाओं, विचारों को दूसरे तक संप्रेषित करने का सर्वाधिक आम साधन है– पत्र।

रचनात्मक लेखन के समस्त स्वरूपों में पत्र सबसे प्रमुख, शक्तिशाली व प्रभावपूर्ण रूप है। इसमें पत्र-लेखन व पाठक एक-दूसरे के प्रति निकटता एवम् आत्मीयता का अनुभव करते हैं।

'ई'-मेल से संदेश भेजने के आज के समय में भी हमारे जीवन में अनेक ऐसे औपचारिक-अनौपचारिक संदर्भ आते हैं, जहाँ पत्र लिखे बिना कार्य ही नहीं चलता।

पत्र-लेखन की प्रमुख विशेषताएँ– सरलता, स्पष्टता, संक्षिप्तता, निश्चयात्मकता, मौलिकता आदि।

पत्रों के प्रकार– विषय, संदर्भ, व्यक्ति और स्थिति के अनुसार पत्रों के लिखने का तरीका भी अलग-अलग होता है। मुख्य रूप से पत्र दो प्रकार के होते हैं– 1. अनौपचारिक पत्र 2. औपचारिक पत्र

1. अनौपचारिक पत्र

ये पत्र उन लोगों को लिखे जाते हैं, जो हमारे मित्र, संबंधी या नजदीकी रिश्तेदार होते हैं। इनमें पत्र लिखने वाले व पत्र पाने वाले दोनों के मध्य घनिष्ठ संबंध होता है। यह संबंध परिवारिक तथा मित्रता का भी हो सकता है। माता, पिता, भाई, बहन, चाचा, चाची, पुत्र, पुत्री, मित्र आदि को लिखे गए व्यक्तिगत पत्र अनौपचारिक पत्र कहलाते हैं।

2. औपचारिक पत्र

सरकारी, गैर-सरकारी संदर्भों में औपचारिक स्तर पर भेजे जाने वाले पत्रों को औपचारिक पत्र कहा जाता है। प्रार्थना पत्र, आवेदन पत्र, शिकायती पत्र, सरकारी पत्र, व्यावसायिक पत्र एवम् संपादक के नाम पत्र इस वर्ग में आते हैं। इन पत्रों में एक निश्चित शैली का प्रयोग किया जाता है। इस शैली को पत्र लेखन-विधि या प्रारूप कहा जाता है।

पत्रों का प्रारूप

अनौपचारिक पत्र

प्रेषक/भेजने वाले का पता

____

____

दिनांक ________________________

संबोधन (श्रद्धेय, पूज्य, आदरणीय, प्रिय आदि)

अभिवादन (सादर चरण स्पर्श, सादर प्रणाम, सप्रेम नमस्ते, हार्दिक स्नेह आदि)

प्रथम अवतरण– कुशल समाचार, पत्र लिखने का कारण

द्वितीय अवतरण– मुख्य विषय वस्तु / सामग्री

तृतीय अवतरण– अनौपचारिक / विषय से हटकर

समापन– (पत्र पाने वाले के साथ सम्बन्ध)

पत्र लिखने वाले का नाम/हस्ताक्षर

अनौपचारिक पत्र

प्रेषक/भेजने वाले का पता

____

____

दिनांक ____________________

पत्र प्राप्त करने वाले का पद ____________________

कार्यालय का पता ____________________

विषय: ____

संबोधन (महोदय/महोदया, मान्यवर/मान्या आदि)

प्रथम अवतरण– पत्र-लेखक का परिचय व पत्र लिखने का कारण

द्वितीय अवतरण– मुख्य विषय वस्तु / समस्या का स्वरूप, कारण, दुष्प्रभाव

तृतीय अवतरण– समाधान / पत्र प्राप्त करने वाले से क्या चाहते हैं

समाप्ति– सधन्यवाद,

भवदीय / भवदीया, आवेदक, आपका आज्ञाकारी, प्रार्थी, शुभचिंतक आदि।

वस्तुनिष्ठ प्रश्न

1. निम्नलिखित में से कौन-सी अभिव्यक्ति नौकरी के लिए आवेदन पत्र में उपयुक्त होगी?

(क) मेरे पिताजी ने अखबार पढ़ते हुए मुझे बताया कि आपके यहाँ एक नौकरी है-सहायक की। आपने विज्ञापन निकलवाया है न, 15 मार्च 2022 की अखबार में। उसी के लिए ....

(ख) मैंने अख़बार में देखा कि आपका विज्ञापन है कि आपको एक सहायक की आवश्यकता है। उसके लिए मैं भी उम्मीदवार हूँ।

(ग) दिनांक 15.03.2022 को समाचार-पत्र में प्रकाशित विज्ञापन के अनुसार आपके कार्यालय में एक सहायक का पद रिक्त है। इस पद के लिए मैं अपनी सेवाएँ प्रस्तुत करना चाहता हूँ।

(घ) दिनांक 15.03.2022 के समाचार-पत्र में एक विज्ञापन देखा। आपके कार्यालय में एक सहायक का पद रिक्त है। मुझे नौकरी की सख्त जरूरत है। अत: मैं आपकी सेवा में अपने को प्रस्तुत करता हूँ।

2. निम्नलिखित में कौन-सी अभिव्यक्ति औपचारिक पत्र में प्रयुक्त होगी?

(क) आपका (ख) तुम्हारा

(ग) भवदीय (घ) आज्ञाकारी

3. निम्नलिखित में से कौन-सी अभिव्यक्ति प्रधानाचार्य को प्रार्थना-पत्र में प्रयुक्त होगी?

(क) हम अपना आभार प्रदर्शन करेंगे

(ख) हमारा आभार स्वीकार किया जाए

(ग) हम आपके आभारी रहेंगे

(घ) हमारा आभार आपकी सेवा में प्रस्तुत है

4. निम्नलिखित में से कौन-सी अभिव्यक्ति औपचारिक पत्र में प्रयुक्त होगी।

(क) महोदय (ख) श्रीमन्

(ग) पूज्य (घ) प्रियवर

5. निम्नलिखित में से कौन-सी अभिव्यक्ति औपचारिक पत्र में प्रयुक्त होगी?

(क) शेष मिलने पर

(ख) जो बातें स्पष्ट नहीं है, वे व्यक्तिगत सम्पर्क से स्पष्ट करें

(ग) यदि आप अन्य जानकारी चाहते हैं तो व्यक्तिगत रूप से सम्पर्क करें

(घ) यदि कोई कसर रह गई हो तो कृपया मिलने का कष्ट करें

6. निम्नलिखित में से कौन-सी अभिव्यक्ति निमंत्रण-पत्र में होगी?

(क) आपसे प्रार्थना की जाती है कि सभी कार्यक्रमों में उपस्थित हों

(ख) आप सभी कार्यक्रमों में उपस्थित हों, यह आपसे प्रार्थना है

(ग) आपको चाहिए कि सभी कार्यक्रमों में उपस्थित हों

(घ) आपकी उपस्थिति सभी कार्यक्रमों में प्रार्थित है

7. प्रधानाध्यापक महोदय को छात्रवृत्ति के लिए दिए जाने वाले आवेदन-पत्र में कौन-सी अभिव्यक्ति होगी?

(क) आपसे सादर निवेदन है कि मुझे छात्रवृत्ति प्रदान करने की कृपा अवश्य करें

(ख) आपसे विनम्र निवेदन है कि मुझे छात्रवृत्ति प्रदान करने की कृपा करें

(ग) आपसे श्रद्धापूर्वक निवेदन करता हूँ कि मुझे छात्रवृत्ति जरूर प्रदान कर दें

(घ) आपसे हाथ जोड़कर प्रार्थना है कि मुझे छात्रवृत्ति प्रदान कर दी जाए।

8. पिताजी को लिखे गए पत्र के अन्त में कौन-सी अभिव्यक्ति होगी?

(क) आपका पुत्र,
सुरेश शर्मा

(ख) आपका पुत्र,
सुरेश

(ग) आपका हितैषी,
सुरेश शर्मा

(घ) शुभचिन्तक,
सुरेश

9. सरकारी पत्रों में पत्र पानेवाले का उल्लेख किस प्रकार करते हैं?

(क) केन्द्रीय हिन्दी निदेशालय
के निदेशक
डॉ. रामस्वरूप वर्मा को

(ख) निदेशक जी,
केन्द्रीय हिन्दी निदेशालय

(ग) निदेशक महोदय,
केन्द्रीय हिन्दी निदेशालय

(घ) निदेशक,
केन्द्रीय हिन्दी निदेशालय

10. बधाई-पत्र में इस प्रकार लिखना अधिक प्रभावकारी रहेगा–

(क) आप के घर पुत्र उत्पन्न हुआ है– ऐसा समाचार पढ़कर बड़ी खुशी हुई। पुत्र उत्पन्न होने की खुशी में मेरी ओर से आप दोनों को बधाई।

(ख) भाई, बड़ी खुशी की खबर मिली। तुम्हारी घरवाली के बेटा हुआ है, मन में लड्डू फूटने लगे। तुम दोउन को मेरी ओर से बेटा होने की बधाई पहुँचे।

(ग) पुत्र-रत्न की उपलब्धि का सुखद समाचार पढ़कर अपार हर्ष हुआ। हृदय के गहरे तल से आप दोनों को पुत्र-प्राप्ति पर बधाई।

(घ) बेटा होने की खबर पढ़ी। बड़ी खुशी हुई। दिल से तुम दोनों को बेटा होने पर मुबारकबाद!

11. नौकरी के लिए आवेदन पत्र में इस प्रकार लिखना उपयुक्त होगा–

(क) यदि उपर्युक्त पद पर मेरी नियुक्ति होती है तो आप मुझे अपने कार्य के प्रति सदैव ईमानदार तथा निष्ठावान पायेंगे।

(ख) यदि इस पद पर मुझे रख लिया गया तो आप मुझे हमेशा सच्चा, ईमानदार और लगन से काम करनेवाला पायेंगे।

(ग) अगर यह नौकरी मुझे दी गई तो मैं हमेशा सच्चाई, ईमानदारी के साथ मन लगा कर काम करता रहूँगा।

(घ) यदि मुझे उक्त पद पर कार्य करने के लिए नियुक्त किया जाए तो मैं सच्चाई, ईमानदारी और कर्तव्य-परायणता के लिए वचनबद्ध हूँ।

12. आपने मुझे बचपन से ही जिस ममता और लगन के साथ पाल-पोसकर बड़ा किया है, उसके लिए मेरा रोम-रोम सदैव ऋणी रहेगा।

(क) कार्यालयी पत्र

(ख) अर्धसरकारी पत्र

(ग) निमंत्रण पत्र

(घ) व्यक्तिगत पत्र

13. निवेदन है कि मुझे विश्वस्त सूत्रों से ज्ञात हुआ है कि आपके बालिका विद्यालय में एक हिन्दी शिक्षिका की आवश्यकता है।

(क) बधाई पत्र (ख) शिकायती पत्र

(ग) संवेदना पत्र (घ) आवेदन पत्र

14. आपकी कम्पनी से मैंने जो सिलाई मशीन खरीदी थी, उसमें थोड़े-थोड़े समय के अन्तर से धागे का निकलना बन्द हो जाता है।

(क) सरकारी पत्र (ख) शिकायती पत्र

(ग) संपादक के नाम पत्र (घ) संवेदना पत्र

15. विवाह के निमंत्रण में अंत में निम्नलिखित का प्रयोग करते हैं।

(क) आपका आज्ञाकारी (ख) भवदीय

(ग) दर्शनाभिलाषी (घ) विनीत

16. मृत्यु पर संवेदना-पत्र इस प्रकार समाप्त करते हैं–

(क) आशा है आप लोग स्वस्थ और प्रसन्नचित हैं।

(ख) ईश्वर आपकी स्वर्गीया माँ की आत्मा को शांति तथा आपके शोकाकुल परिवार को इस दुख को सहने की शक्ति प्रदान करें।

(ग) घर में सभी लोगों को यथोचित कहें, उत्तर की प्रतीक्षा में।

(घ) आपकी माँ की मृत्यु से मुझे बहुत दुख हुआ।

17. औपचारिक पत्र के अंतर्गत निम्नलिखित प्रकार का पत्र नहीं आता–

(क) प्रधानाचार्य को लिखा प्रार्थना पत्र

(ख) नौकरी के लिए आवेदन पत्र

(ग) व्यावसायिक पत्र

(घ) निमंत्रण पत्र

18. औपचारिक पत्र लेखन के चरण हैं–

(क) प्रेषक का नाम, पता, प्राप्तकर्ता का नाम, पद, कार्यालय का नाम व पता, विषय, संबोधन, मुख्य कलेवर, समापन, हस्ताक्षर।

(ख) प्रेषक का नाम, पता, दिनांक, पत्र प्राप्तकर्ता का पद, कार्यालय का नाम, पता, विषय-संकेत, संबोधन, मुख्य कलेवर, हस्ताक्षर, नाम।

(ग) क एवं ख दोनों

(घ) उपर्युक्त में से कोई नहीं

19. प्राइमरी शिक्षक पद के लिए आवेदन हेतु अनिवार्य व्यावसायिक शिक्षा है–

(क) बी. टी. सी. (ख) एन. टी. टी.

(ग) बी. एड. (घ) एम. एड.

20. औपचारिक पत्र में पत्र का विषय लिखा जाता है–

(क) संबोधन के बाद (ख) अभिवादन के बाद

(ग) संबोधन से पहले (घ) अभिवादन से पहले

उत्तरमाला

1-(ग) दिनांक 15.03.2022 को समाचार-पत्र में प्रकाशित विज्ञापन के अनुसार आपके कार्यालय में एक सहायक का पद रिक्त है। इस पद के लिए मैं अपनी सेवाएँ प्रस्तुत करना चाहता हूँ।, 2-(ग) भवदीय, 3-(ग) हम आपके आभारी रहेंगे, 4-(क) महोदय, 5-(ग) यदि आप अन्य जानकारी चाहते हैं तो व्यक्तिगत रूप से सम्पर्क करें, 6-(घ) आपकी उपस्थिति सभी कार्यक्रमों में प्रार्थित है, 7-(ख) आपसे विनम्र निवेदन है कि मुझे छात्रवृत्ति प्रदान करने की कृपा करें, 8-(ख) आपका पुत्र, सुरेश, 9-(घ) निदेशक, केन्द्रीय हिन्दी निदेशालय, 10-(ग) पुत्र-रत्न की उपलब्धि का सुखद समाचार पढ़कर अपार हर्ष हुआ। हृदय के गहरे तल से आप दोनों को पुत्र-प्राप्ति पर बधाई।, 11-(घ) यदि मुझे उक्त पद पर कार्य करने के लिए नियुक्त किया जाए तो मैं सच्चाई, ईमानदारी और कर्तव्य-परायणता के लिए वचनबद्ध हूँ।, 12-(घ) व्यक्तिगत पत्र, 13-(घ) आवेदन पत्र, 14-(ख) शिकायती पत्र, 15-(ग) दर्शनाभिलाषी, 16-(ख) ईश्वर आपकी स्वर्गीया माँ की आत्मा को शांति तथा आपके शोकाकुल परिवार को इस दुख को सहने की शक्ति प्रदान करें।, 17-(घ) निमंत्रण पत्र, 18-(ख) प्रेषक का नाम, पता, दिनांक, पत्र प्राप्तकर्ता का पद, कार्यालय का नाम, पता, विषय-संकेत, संबोधन, मुख्य कलेवर, हस्ताक्षर, नाम।, 19-(क) बी. टी. सी., 20-(ग) संबोधन से पहले।

मॉडल प्रश्न–पत्र–1

Section-1A (हिंदी)

पूर्णांक : 200 **निर्धारित समय : 45 मिनट**

नोट– कुल 40 प्रश्नों के उत्तर दीजिए।

(खंड क)

निम्नलिखित परिच्छेदों को ध्यानपूर्वक पढ़कर प्रश्न संख्या 1 से 30 तक दिए गए प्रश्नों के उत्तर हेतु उचित विकल्प चुनिए–

1. समाज के एकीकरण में प्रेस की महत्वपूर्ण भूमिका होती है। यह देश के एक भाग के निवासियों को दूसरे भाग के निवासियों की गतिविधियों से अवगत कराता है। प्रेस के माध्यम से अनेक व्यक्ति विभिन्न समस्याओं के विषय में अपनी ज्ञान वृद्धि करते हैं। तत्कालीन समस्याओं पर जनमत भी प्रेस से ही बनता है। समाज–सुधार के आंदोलनों को आगे बढ़ाने में प्रेस से बहुत सहायता मिलती है। राज्य के कार्यों पर भी प्रेस का बहुत प्रभाव पड़ता है। सर्वसाधारण से संबंध रखनेवाली समस्याओं का समाधान करने और लोगों को उनके प्रति सचेत करने के लिए भी प्रेस एक सशक्त साधन है। उपनिवेशों तथा पिछड़े हुए देशों में नवीन जागृति उत्पन्न करने में प्रेस की महत्वपूर्ण भूमिका रही है। इसलिए भारत में ब्रिटिश शासन के दिनों में सरकार ने प्रेस पर प्रतिबंध लगाने के लिए समय–समय पर अनेक अधिनियम बनाए। इस दमन की नीति के बावजूद प्रेस ने समाज–सुधार, ज्ञान का प्रसार एवं स्वतंत्रता की भावना पैदा करने में सराहनीय कार्य किया। प्रेस के माध्यम से राष्ट्रीय आंदोलन के नेताओं ने राजनीतिक स्वतंत्रता और लोकतंत्र तथा सामाजिक समानता के आधार पर भारतीय समाज के पुनर्गठन का संदेश जनता तक पहुँचाया। वास्तव में प्रेस की स्वतंत्रता में आम आदमी की अभिव्यक्ति की स्वतंत्रता और सूचना प्राप्त करने का अधिकार निहित हैं।

1. प्रेस किसी भी देश के जीवन का–

(क) प्रेरणा स्रोत है (ख) कष्टदायक भाग है

(ग) अभिन्न अंग है (घ) निर्धारण करता है

2. प्रेस की सहायता से देश के निवासी–

(क) एक दूसरे की समस्याओं के बारे में जान पाते हैं

(ख) एक दूसरे की आलोचना कर सकते हैं

(ग) देश के अन्य भागों के मौसम की जानकारी प्राप्त कर सकते हैं

(घ) विज्ञापन देकर सामान बेच और खरीद सकते हैं

3. उपनिवेशों और पिछड़े हुए देशों में प्रेस ने–

(क) सरकार विरोधी आंदोलन आरंभ किया

(ख) विद्रोह की भावना पैदा की

(ग) क्रांति के बीज बोए

(घ) नयी जागृति पैदा की

4. ब्रिटिश शासन की नीति के बावजूद–

(क) प्रेस बंद हो गए

(ख) प्रेस ने लोंगों को उकसाने की कोशिश की

(ग) प्रेस सफल नहीं हो पाए

(घ) प्रेस ने देश की स्वतंत्रता के लिए काम किया

5. प्रेस को देश में जागृति पैदा करने से रोकने के लिए–

(क) जनता ने सरकार से मदद माँगी

(ख) ब्रिटिश सरकार ने कई नियम बनाए

(ग) सर्वसाधारण को सरकार से शिकायत करनी पड़ी

(घ) ब्रिटिश सरकार ने प्रेस को खरीद लिया

6. ब्रिटिश सरकार ने कई अधिनियम बनाए क्योंकि–

(क) वह प्रेस पर प्रतिबंध लगाना चाहती थी

(ख) प्रेस से लोगों का चरित्र बिगड़ रहा था

(ग) प्रेस सरकार की प्रशंसा नहीं करता था

(घ) वह प्रेस पर रोक लगाने में असमर्थ थी

7. **प्रेस देश के एक भाग के निवासियों को दूसरे भाग के निवासियों की–**
   (क) गतिविधियों से अवगत कराता है
   (ख) समस्याओं से अवगत कराता है
   (ग) समाज सुधार के आंदोलनों को आगे बढ़ाने में सहायता करता है
   (घ) उपर्युक्त सभी

8. **अगर देश का प्रेस स्वतंत्र है तो–**
   (क) आम आदमी अपनी बात नहीं कह सकता
   (ख) आम आदमी अपनी बात कहने को स्वतंत्र है
   (ग) आम आदमी को कोई लाभ नहीं होता
   (घ) आम आदमी कोई भी काम करने को स्वतंत्र है

9. **''तत्कालीन समस्याओं'' का अर्थ है जो समस्याएँ–**
   (क) उस समय हैं (ख) कभी नहीं थीं
   (ग) आ सकती हैं (घ) पहले थीं

10. **''निहित है'' का अर्थ है, उसमें–**
   (क) शामिल है
   (ख) नहीं आता
   (ग) शामिल कर लिया जाए
   (घ) शामिल न किया जाए

2. आजकल लोग घरों, कारखानों, मोटरों और विमानों के माध्यम से हवा, मिट्टी और पानी में अंधाधुंध दूषित पदार्थों को प्रवाहित कर रहे हैं। विकास के क्रम में प्रकृति अपने लिए ऐसी परिस्थितियाँ बनाती है, जो उसके लिए आवश्यक हैं। इसलिए इन व्यवस्थाओं में मनुष्य का हस्तक्षेप सब प्राणियों के लिए घातक होता है। प्रदूषण के कारण घनी आबादी के क्षेत्रों में कार्बनमोनोक्साइड की मात्रा सामान्य से कहीं अधिक हो जाती है। जिस की वजह से रक्त-संचार में 5-10 प्रतिशत ऑक्सीजन कम हो जाती है। शरीर के ऊतकों को 25 प्रतिशत ऑक्सीजन की आवश्यकता होती है। ऑक्सीजन की तुलना में कार्बनमोनोक्साइड लाल रुधिर कोशिकाओं के साथ ज्यादा जल्दी मिल जाती है। इससे यह हानि होती है कि ये कोशिकाएँ ऑक्सीजन को अपनी पूरी मात्रा में संभालने में असमर्थ रहती हैं। 960 किलोमीटर के सफ़र में एक कार ऑक्सीजन की उतनी ही मात्रा का उपयोग करती है, जितनी एक मनुष्य को सारे साल के लिए चाहिए। कारों के धुएँ में टेट्राएथिल के अतिरिक्त सीसा भी होता है। ज़्यादा मात्रा में लेने पर तो सीसा एक प्राणघातक विष है ही, लेकिन कम मात्रा में लिए जाने पर भी वह आयु-घातक होता है और उससे तन्त्रिकातन्तु को हानि पहुँचती है। बहुधा जिन बच्चों का मानसिक विकास कम होता है, उनमें सीसा औसत से ज़्यादा मात्रा में पाया जाता है। सीसा वृक्क को भी हानि पहुँचाता है और सम्भव है कि इस से हाइपरटेंशन पर भी प्रभाव पड़ता होगा। एक बार ऑस्ट्रेलिया में किशोरों में वृक्क का रोग बहुत फैला हुआ था। इस से उन का रक्तचाप बहुत अधिक बढ़ा रहता था। आजकल हर साल कारखानों, घरों, कारों, विमानों एवं शक्ति-संयंत्रों आदि में प्रयुक्त होनेवाले ईंधन से निकलनेवाले धुएँ के कारण उपलब्ध ऑक्सीजन का 10 प्रतिशत भाग नष्ट हो जाता है।
कभी टोकियो सम्पूर्ण विश्व का सबसे अधिक प्रदूषित नगर माना जाता या। वहाँ पर पुलिस के लिए जगह-जगह ऑक्सीजन के सिलिंडर लगे रहते थे, जिससे उन्हें जब भी ऑक्सीजन की कमी होने की वजह से परेशानी महसूस हो, वे ऑक्सीजन ले सकें और राहत पा सकें। वहाँ की सड़कों पर ऑक्सीजन पाने के यन्त्र सर्वत्र लगाए गए थे, जिससे लोग परेशानी होने पर एक ''येन'' ख़र्च कर ऑक्सीजन ले सकें।

11. **प्रदूषण का मुख्य खतरा है–**
   (क) ऑक्सीजन की कमी हो जाना
   (ख) कार्बनमोनोक्साइड बढ़ जाना
   (ग) प्राकृतिक व्यवस्था में बाधा पड़ना
   (घ) वातावरण दूषित हो जाना

12. **लोग कारखानों से हवा, मिट्टी और पानी में मिला रहे हैं–**
   (क) धुआँ
   (ख) कचरा
   (ग) गंदगी
   (घ) अनेक प्रकार के दूषित पदार्थ

13. शरीर के ऊतकों को ज़रूरत होती है–

(क) 25 प्रतिशत ऑक्सीजन की

(ख) 10 प्रतिशत ऑक्सीजन की

(ग) 5 प्रतिशत कार्बनमोनोक्साइड की

(घ) 10 प्रतिशत कार्बनमोनोक्साइड की

14. जिन बच्चों का मानसिक विकास कम होता है, उनमें–

(क) कार्बनमोनोक्साइड की मात्रा अधिक होती है

(ख) ऑक्सीजन की मात्रा अधिक होती है

(ग) सीसे की मात्रा अधिक होती है

(घ) रक्त की मात्रा अधिक होती है

15. प्रतिवर्ष विभिन्न प्रकार के धुएँ के कारण–

(क) ऑक्सीजन का 25 प्रतिशत भाग नष्ट हो जाता है

(ख) कार्बनमोनोक्साइड का 10 प्रतिशत भाग बढ़ जाता है

(ग) ऑक्सीजन का 10 प्रतिशत भाग नष्ट हो जाता है

(घ) कार्बनमोनोक्साड का 25 प्रतिशत भाग बढ़ जाता है

16. प्रकृति की व्यवस्थाओं में मनुष्य के हस्तक्षेप का घातक परिणाम होगा–

(क) पेड़-पौधों के लिए

(ख) मनुष्यों के लिए

(ग) जीव-जंतुओं के लिए

(घ) सभी प्राणियों के लिए

17. टोकियो की सड़कों पर ऑक्सीजन-यन्त्र लगाए गए थे क्योंकि–

(क) वहाँ की पुलिस को ऑक्सीजन की ज़रूरत पड़ती थी

(ख) वहाँ के निवासियों को ऑक्सीजन की ज़रूरत पड़ती थी

(ग) वहाँ ऑक्सीजन बहुत अधिक उपलब्ध थी

(घ) टोकियो का पर्यावरण अत्यधिक प्रदूषित था

18. सीसा के संबंध में असत्य कथन है–

(क) हाइपरटेंशन पर प्रभाव डालता है

(ख) प्राणघातक विष है

(ग) ऑक्सीजन की मात्रा कम करता है

(घ) बच्चों के मानसिक विकास को प्रभावित करता है

19. ''हाइपरटेंशन'' का अर्थ है–

(क) उच्च तनाव (ख) उच्चतर तनाव

(ग) ऊँचा प्रतिशत (घ) उच्चता

20. ''औसत'' का अर्थ है–

(क) समष्टि का सम विभाग

(ख) तमतमाहट

(ग) समावेश

(घ) प्रत्येक

3. बोलने का विवेक, बोलने की कला और पटुता व्यक्ति की शोभा है, उसका आकर्षण है। सुबुद्ध वक्ता अपार जनसमूह का मन मोह लेता है, मित्रों के बीच सम्मान और प्रेम का केंद्र-बिंदु बन जाता है। जो लोग अपनी बात को राई का पहाड़ बनाकर उपस्थित करते हैं, वे एक ओर जहाँ सुनने वाले के धैर्य की परीक्षा लिया करते हैं, वहीं अपना और दूसरे का समय भी अकारण नष्ट किया करते हैं। विषय से हटकर बोलने वालों से, अपनी बात को अकारण खींचते चले जाने वालों से तथा ऐसे मुहावरों और कहावतों का प्रयोग करने वालों से जो उस प्रसंग में ठीक ही न बैठ रह हों, लोग ऊब जाते हैं। वाणी का अनुशासन, वाणी का संयम और संतुलन तथा वाणी की मिठास ऐसी शक्ति है जो हर कठिन स्थिति में हमारे अनुकूल ही रहती है, जो मरने के पश्चात् भी लोगों की स्मृतियों में हमें अमर बनाए रहती है। हाँ, बहुत कम बोलना या सदैव चुप लगाकर बैठे रहना भी बुरा है। यह हमारी प्रतिभा और तेज को कुंद कर देता है। ऐसा व्यक्ति गुफा में रहने वाले उस व्यक्ति की तरह होता है, जिसे बहुत दिनों के बाद प्रकाश में आने पर भय लगने लगता है। अतएव कम बोलो, सार्थक और हितकर बोलो। यही वाणी का तप है।

21. सुबुद्ध वक्ता की विशेषता नहीं है–

(क) अपार जन समूह का मन मोह लेना

(ख) सुनने वाले के धैर्य की परीक्षा लेना

(ग) मित्रों से सम्मान पाना

(घ) मित्रों से प्रेम पाना

22. परिच्छेद में प्रयुक्त मुहावरा है–

(क) राई का पहाड़ बनाना

(ख) विषय से हटकर बोलना

(ग) भय लगाना

(घ) कम बोलना

23. उपसर्गयुक्त शब्द नहीं है–

(क) अनुकूल (ख) उपस्थित

(ग) प्रतिभा (घ) सम्मान

24. प्रत्यययुक्त शब्द है–

(क) मिठास (ख) वाणी

(ग) संतुलन (घ) अनुशासन

25. बहुत कम बोलना भी अच्छा क्यों नहीं है–

(क) अपना और दूसरे का समय नष्ट नहीं होता।

(ख) लोग ऊब जाते हैं।

(ग) प्रतिभा कुंद ले जाती है।

(घ) राई का पहाड़ बन जाता है।

26. वाणी का तप कहा गया है–

(क) कम बोलना किंतु सार्थक व हितकर बोलना।

(ख) सदैव चुप रहना।

(ग) विषय से हटकर बोलना।

(घ) अपना व दूसरों का समय नष्ट करना।

27. परिच्छेद का उपयुक्त शीर्षक है–

(क) सुबुद्‌ध वक्ता

(ख) बोलने का महत्त्व

(ग) वाणी का तप

(घ) वाक् कला का महत्त्व

28. गुफ़ा में रहने वाले व्यक्ति के समान कौन होता है–

(क) अपनी बात को अकारण खींचने वाला।

(ख) अप्रासंगिक बातें करने वाला।

(ग) बहुत कम बोलने वाला।

(घ) सार्थक बोलने वाला।

29. किस प्रकार का बोलना पसन्द नहीं लिया जाता?

(क) किसी बात को अत्यंत बढ़ा-चढ़ा कर कहना।

(ख) विषय से हटकर बोलना।

(ग) बात को अनावश्यक तूल देना।

(घ) उपर्युक्त सभी

30. 'हितकर' का अर्थ है–

(क) उपकार या कल्याण करने वाला।

(ख) उपयोगी

(ग) (क) और (ख) दोनों

(घ) उपर्युक्त में से कोई नहीं

(खंड ख)

31. निम्नलिखित वाक्य में रेखांकित शब्द के लिए उचित समानार्थी शब्द चुनिए–

भारतीय सेना ने शत्रु सेना को <u>पराजित</u> किया।

(क) विश्वस्त (ख) त्रस्त

(ग) निरस्त (घ) परास्त

32. दिए गए विकल्पों में से उपयुक्त पर्यायवाची बताइए– सुधाकर

(क) सूर्य (ख) तारा

(ग) चंद्रमा (घ) अमृत कुण्ड

33. निम्नलिखित वाक्य में रिक्त स्थान पूर्ति हेतु उचित विलोम शब्द चुनिए–

सोहेल का स्वभाव <u>कृत्रिम</u> है, लेकिन उसके मित्र का एकदम .... है।

(क) बनावटी (ख) सामान्य

(ग) स्वाभाविक (घ) विशेष

34. उचित विपरीतार्थी शब्द का चयन कीजिए– पतन

(क) उत्थान (ख) उन्नति

(ग) विकास (घ) समृद्‌धी

35. नीचे लिखे वाक्यों को पढ़कर सही उत्तर का चयन कीजिए–

1. यमक शब्दालंकार है।

2. इसमें एक ही शब्द की आवृत्ति होती है, किंतु अर्थ नहीं बदलता।

(क) विकल्प (1) असत्य है, किन्तु विकल्प (2) सत्य।

(ख) विकल्प (1) सत्य है, किन्तु विकल्प (2) असत्य।

(ग) दोनों विकल्प असत्य हैं।

(घ) दोनों विकल्प सत्य हैं।

36. नीचे लिखे वाक्यों को पढ़कर सही विकल्प चुनिए–

1. 'नौ दो ग्यारह होना' मुहावरे का अर्थ है– भाग जाना।

2. 'रफूचक्कर होना' मुहावरे का अर्थ है– भाग जाना।

(क) विकल्प (1) असत्य तथा (2) सत्य है।

(ख) विकल्प (1) सत्य तथा (2) असत्य है।

(ग) दोनों कथन सत्य हैं।

(घ) दोनों कथन असत्य है।

37. सही विकल्प का चयन करें–

1. लोकोक्ति का प्रयोग वाक्य के बीच में करते हैं।

2. थोथा चना बाजे घना' एक लोकोक्ति है।

(क) विकल्प (1)सत्य है, लेकिन (2) असत्य है।

(ख) विकल्प (1) असत्य है, लेकिन (2) सत्य है।

(ग) विकल्प (1) और (2) असत्य है।

(घ) विकल्प (1) और (2) सत्य है।

38. सूची-I के शब्दों को सूची-II के अर्थ के साथ मिलान कीजिए–

सूची-I	सूची-II
(अ) दिवाकर	(A) मिश्रित
(ब) संकर	(B) पृथ्वी
(स) अनिल	(C) सूर्य
(द) अदिति	(d) वायु

(क) अ–C, ब–A, स–D, द–B

(ख) अ–D, ब–B, स–A, द–C

(ग) अ–B, ब–A, स–C, द–D

(घ) अ–C, ब–D, स–B, द–A

39. दिए गए वाक्य में रिक्त स्थान हेतु उचित विकल्प छाँटिए–

सौ वर्षों के समय को .... कहते हैं।

(क) दशाब्दी (ख) शताब्दी

(ग) सहस्त्राब्दी (घ) शतक

40. निम्नलिखित वाक्यों में रेखांकित अंशों में से जो त्रुटिपूर्ण हो, उसका चयन करो–

<u>अपने</u> मन <u>पर</u> नियंत्रण रखो और इंद्रियों <u>को</u> नियंत्रित <u>में</u> करो।

(क) अपने (ख) पर

(ग) को (घ) में

41. निम्नलिखित वाक्य के नीचे दिए चार विकल्पों में से रेखांकित अंश का सटीक अर्थ व्यक्त करने वाला विकल्प चुनिए–

अपनी बीमार माँ का उपचार कराते-कराते <u>उसकी कमर टूट गई</u>।

(क) वह अपंग हो गया (ख) वह निराश हो गया।

(ग) वह चल बसा (घ) वह पागल हो गया।

42. चिड़िया के द्वारा आकाश में उड़ा जा रहा है।

(क) कर्तृ वाच्य (ख) कर्म वाच्य

(ग) भाव वाच्य (घ) करण वाच्य

43. 'ई' प्रत्यय युक्त शब्द-समूह है–

(क) लड़ाई, अंगड़ाई, खाई, भाई

(ख) गर्मी, बीमारी, दुखी, बुद्धिमानी

(ग) सोती, खाती, उड़ती, गिरती

(घ) गर्मी, सर्दी, रजाई, पढ़ाई

44. तत्पुरुष समास का उदाहरण नहीं है–

(क) पाप में मग्न = पाप मग्न

(ख) राजा का पुत्र = राजपुत्र

(ग) जन्म से लेकर = आजन्म

(घ) धर्म से भ्रष्ट = धर्मभ्रष्ट

45. पुल्लिंग शब्द हैं–

(क) राजा, मंत्री, सैनिक, रसोई

(ख) दही, घी, शक्कर, चावल

(ग) मक्खन, शेर, पानी, आकाश

(घ) भारत, श्रीलंका, चीन, रूस

46. 'भावुक' का संधि विच्छेद होगा–

(क) भा + वुक (ख) भो + वुक

(ग) भो + उक (घ) भौ + उक

47. **प्रधानमंत्री ने लालकिले पर तिरंगा फहराकर राष्ट्रगान गाया–**

(क) सरल वाक्य (ख) मिश्र वाक्य

(ग) समानाधिकरण वाक्य (घ) संयुक्त वाक्य

48. **'माँ ने अपने बच्चे को गले से लगा लिया और ढेर सारा आशीर्वाद दिया।' इस वाक्य में संज्ञा पद हैं–**

(क) माँ, अपने, बच्चे, गले

(ख) माँ, बच्चे, गले, ढेर सारा

(ग) माँ, बच्चे, अपने, आशीर्वाद

(घ) माँ, बच्चे, गले, आशीर्वाद

49. **अद्र्ध विराम चिह्न है–**

(क) ! (ख) ,

(ग) ; (घ) :

50. **शुद्ध वाक्य है–**

(क) गाजर खिलाओ खरगोश को काटकर।

(ख) गाजर खरगोश को काटकर खिलाओ।

(ग) गाजर काटकर खरगोश को खिलाओ।

(घ) खरगोश को काटकर गाजर खिलाओ।

उत्तरमाला

1-(ग) अभिन्न अंग है, 2-(क) एक दूसरे की समस्याओं के बारे में जान पाते हैं, 3-(घ) नयी जागृति पैदा की, 4-(घ) प्रेस ने देश की स्वतंत्रता के लिए काम किया, 5-(ख) ब्रिटिश सरकार ने कई नियम बनाए, 6-(क) वह प्रेस पर प्रतिबंध लगाना चाहती थी, 7-(घ) उपर्युक्त सभी, 8-(ख) आम आदमी अपनी बात कहने को स्वतंत्र है, 9-(क) उस समय हैं, 10-(क) शामिल है, 11-(ग) प्राकृतिक व्यवस्था में बाधा पड़ना, 12-(घ) अनेक प्रकार के दूषित पदार्थ, 13-(क) 25 प्रतिशत ऑक्सीजन की, 14-(ग) सीसे की मात्रा अधिक होती है, 15-(ग) ऑक्सीजन का 10 प्रतिशत भाग नष्ट हो जाता है, 16-(घ) सभी प्राणियों के लिए, 17-(घ) टोकियो का पर्यावरण अत्यधिक प्रदूषित था, 18-(ग) ऑक्सीजन की मात्रा कम करता है, 19-(क) उच्च तनाव, 20-(क) समष्टि का सम विभाग, 21-(ख) सुनने वाले के धैर्य की परीक्षा लेना, 22-(क) राई का पहाड़ बनाना, 23-(ग) प्रतिभा, 24-(क) मिठास, 25-(ग) प्रतिभा कुंद ले जाती है।, 26-(क) कम बोलना किंतु सार्थक व हितकर बोलना।, 27-(घ) वाक् कला का महत्त्व, 28-(ग) बहुत कम बोलने वाला।, 29-(घ) उपर्युक्त सभी, 30-(ग) (क) और (ख) दोनों, 31-(घ) परास्त, 32-(ग) चंद्रमा, 33-(ख) सामान्य, 34-(क) उत्थान, 35-(ख) विकल्प (1) सत्य है, किन्तु विकल्प (2) असत्य।, 36-(ग) दोनों कथन सत्य हैं।, 37-(ख) विकल्प (1) असत्य है, लेकिन (2) सत्य है।, 38-(क) अ-C, ब-A, स-D, द-B, 39-(ख) शताब्दी, 40-(घ) में, 41-(ख) वह निराश हो गया।, 42-(ग) भाव वाच्य, 43-(ख) गर्मी, बीमारी, दुखी, बुद्धिमानी, 44-(ग) जन्म से लेकर = आजन्म, 45-(ग) मक्खन, शेर, पानी, आकाश, 46-(घ) भौ + उक, 47-(क) सरल वाक्य, 48-(घ) माँ, बच्चे, गले, आशीर्वाद, 49-(ग) ;, 50-(ग) गाजर काटकर खरगोश को खिलाओ।

मॉडल प्रश्न-पत्र-2

Section-1A (हिंदी)

पूर्णांक : 200 **निर्धारित समय : 45 मिनट**

नोट- कुल 40 प्रश्नों के उत्तर दीजिए।

(खंड क)

निम्नलिखित परिच्छेदों को ध्यानपूर्वक पढ़कर प्रश्न संख्या 1 से 30 तक दिए गए प्रश्नों के उत्तर हेतु उचित विकल्प चुनिए-

1. मानव जन्म से ही जिज्ञासु होता है। अपने शैशव काल से ही प्रत्येक नवीन वस्तु को आश्चर्य से देखना तथा उस के विषय में सोचना उस की प्रकृति में सम्मिलित है। सब से पहले वह दैनिक प्रयोग एवं घर की वस्तुओं से पूर्णतया परिचित होना चाहता है, तत्पश्चात् बाहरी विश्व के पदार्थों से अवगत हो कर अपने ज्ञान की वृद्धि करना चाहता है। अतिरिक्त जानकारी के सम्बन्ध में उसकी भावना की सन्तुष्टि देश-विदेश के भ्रमण से हो जाती है, अतः वह देशाटन करता है। कभी वह वायुयान द्वारा गगन में विचरण करना चाहता है तो कभी जलयान द्वारा सागर के विशाल वक्षस्थल को रौंदना चाहता है। कभी वह हिमालय को पराजित करना चाहता है तो कभी वनस्पति ज्ञान के अर्जन के लिए वन-वन भटकता फिरता है। आज विज्ञान की प्रगति के साथ-साथ उस की जिज्ञासा इतनी बलवती हो गई है कि वह चन्द्रलोक की यात्रा की तैयारी करने लगा है। देशाटन इसी स्वभाव की देन है।

प्राचीन काल में यातायात के साधन बहुत थोड़े थे। उन दिनों मानव बैलगाड़ियों, ऊँटों, घोड़ों तथा खच्चरों पर ही यात्रा किया करता था। इस में समय की अधिकता के साथ-साथ अन्य कई प्रकार की मुसीबतों का भी सामना करना पड़ता था। चोर-लुटेरों के भय का आतंक छाया रहता था। मार्ग भी दुर्लभ थे। बरसात में तो वे और भी भयावह हो जाते थे। आधुनिक काल यातायात के साधनों से भरा पड़ा है। स्थल-यात्रा के लिए ताँगे, साइकिल, मोटर साइकिल, स्कूटर, मोटर, रेलगाड़ी आदि हैं। गगन की सैर के लिए वायुयान हैं तो सागर की उत्ताल तरंगों के साथ हिंडोले में झूलने के लिए स्टीमर तथा जलयान मानव-सेवा के लिए तत्पर हैं। बड़े-बड़े नदी-नालों को पार करने के लिए पुल बना दिए गए हैं। कहने का तात्पर्य यह है कि विज्ञान की दौड़ के साथ-साथ यातायात के साधन दिन-प्रतिदिन सुलभ होते जा रहे हैं।

देशाटन-प्रिय व्यक्ति सदैव प्रगतिशील देखा गया है। इस का कारण है-अन्य राष्ट्रों की अच्छी-अच्छी बातों का अनुकरण। अधिकतर पाश्चात्य देशों ने देशाटन के द्वारा ही प्रगति की है। अंग्रेजों ने देशाटन के बल पर ही भारत पर प्रभुत्व जमाया था, परन्तु हमारे देश में आज भी देशाटन को लेकर अनेक प्रकार की भ्रांतियाँ फैली हुई हैं। असंख्य देशवासी स्पर्श्यता से घबड़ाते हैं। अप्रगतिगामी चिन्तन पद्धति पर आधारित यह विचारधारा देश के लिए अलाभकारी ही सिद्ध हुई है। आज के होनहार युवक इस विचारधारा का अन्त कर रहे हैं। उन्हें देशाटन से प्रेम है। प्रगति की दौड़ में वे सबसे आगे निकलना चाहते हैं, इसलिए उन्होंने देशाटन को अपना सहचर बना लिया है।

1. देशाटन मनुष्य के उस स्वभाव की देन है, जो उसे-

(क) प्रगतिशील बनाता है

(ख) ज्ञात से अज्ञान की ओर बढ़ने के लिए प्रेरित करता है

(ग) चन्द्रलोक की यात्रा की तैयारी करने की प्रेरणा देता है

(घ) प्रत्येक नवीन वस्तु को आश्चर्य से देखना सिखाता है

2. प्रत्येक नवीन वस्तु के विषय में सोचना मानव की प्रकृति में सम्मिलित है-

(क) विद्यार्थी काल से (ख) बचपन से

(ग) युवावस्था से (घ) वृद्धावस्था से

3. प्राचीन काल मे मानव यात्रा किया करता था–

(क) जलयान से (ख) थलयान से

(ग) वायुयान से (घ) पशुयान से

4. बरसात में तो और भी भयावह हो जाते थे–

(क) चोर-लुटेरे (ख) यातायात के साधन

(ग) यात्रा-मार्ग (घ) घोड़े

5. अपने शैशवकाल से ही ज्योंही मानव कोई नई वस्तु देखता है, उसके विषय में वह–

(क) परेशान होने लगता है

(ख) अनुसंधान करने लगता है

(ग) भगवान से प्रार्थना करने लगता है

(घ) सोचने लगता है

6. स्थल-यात्रा के लिए ताँगे, रेलगाड़ी आदि है, तो गगन की सैर के लिए–

(क) वायुयान (ख) उपग्रह

(ग) एअरबस (घ) वायुदूत

7. प्रत्येक नवीन वस्तु के विषय में सोचना मानव की प्रवृत्ति में सम्मिलित है क्योंकि–

(क) वह प्रत्येक नवीन वस्तु को आश्चर्य से देखता है

(ख) वह शैशव काल से ही जिज्ञासु रहा है

(ग) वह जन्म से ही जिज्ञासु रहा है

(घ) वह दैनिक प्रयोग एवं घर की वस्तुओं से पूर्णतया परिचित होना चाहता है

8. अन्य राष्ट्रों की अच्छी-अच्छी बातों का अनुकरण करके देशाटन-प्रिय व्यक्ति बन जाता है–

(क) ज्ञानी (ख) नकलची

(ग) अनुकरणीय (घ) प्रगतिशील

9. विज्ञान की दौड़ के साथ-साथ दिन-प्रतिदिन यातायात के साधन सुलभ होने से–

(क) अस्पर्श्यता समाप्त होगी

(ख) भ्रान्तियाँ दूर होंगी

(ग) अप्रगतिगामी चिन्तन समाप्त होगा

(घ) प्रगतिशील

10. सुलभ का अर्थ है–

(क) सहज में मिलने वाला

(ख) जिसके मिलने में कठिनाई न हो

(ग) सुगमता से मिलने योग्य

(घ) उपर्युक्त तीनों

2. मैं पिता जी की बहुत इज़्ज़त किया करता था। मैं उन्हें बल, साहस और होशियारी की मूर्ति समझता था और दूसरों के मुकाबले इन बातों में बहुत ऊँचा पाता था। मैं अपने मन में मंसूबे बाँधा करता था कि बड़ा होने पर पिताजी की तरह बनूँगा। पर मैं जहाँ उनकी इज़्ज़त करता था और बहुत चाहता था, वहाँ उनसे डरता भी बहुत था। नौकर-चाकरों पर बिगड़ते हुए मैंने उन्हें देखा था। उस समय वे बड़े भयंकर मालूम होते थे और मैं मारे डर के काँपने लगता था। नौकरों के साथ उनका जो यह बर्ताव होता था, उससे मुझे कभी-कभी गुस्सा भी आया करता था; लेकिन खुश-किस्मती से उनमें हँसी-मज़ाक का माद्दा भी बड़े ज़ोर का था और वे इरादे के बड़े पक्के थे। इससे वे अपने आप को आम तौर पर मज़बूत रख सकते थे। ज्यों-ज्यों उनकी उम्र बढ़ती गई, उनका संयम भी बढ़ता गया, उसके बाद शायद ही उन्होंने कभी ऐसा किया। उनकी तेज़ मिज़ाजी मुझे आज भी याद है, क्योंकि बचपन ही में मैं उसका शिकार हो गया था। कोई पाँच-छह वर्ष की मेरी उम्र रही होगी। एक रोज़ मैंने पिताजी की मेज़ पर दो फ़ाउंटेन पेन देखे। मेरा जी ललचाया। मैंने दिल में कहा–पिताजी एक साथ दो पेनों का क्या करेंगे? एक मैंने अपनी जेब में डाल लिया। बाद में बड़े ज़ोरों की तलाश हुई, पेन कहाँ चला गया। तब तो मैं घबराया। मगर मैंने बताया नहीं। पेन मिल गया और मैं गुनहगार करार दिया गया। पिताजी बहुत नाराज़ हुए और मेरी खूब मरम्मत हुई। मैं दर्द व अपमान से अपना-सा मुँह लिए माँ की गोद में दौड़ गया और कई दिन तक दर्द करते हुए मेरे छोटे से बदन में क्रीम और मरहम लगाए गए। लेकिन मुझे याद नहीं पड़ता कि मैंने इस सज़ा के लिए पिताजी को कोसा हो। मैं समझता हूँ मेरे दिल ने यही कहा होगा कि सज़ा तो मुझे वाजिब मिली है, मगर थी ज़रूरत-से-ज़्यादा। पिताजी के लिए मेरे मन में वैसी ही इज़्ज़त और मुहब्बत बनी रही।

11. मेरे पिता युवावस्था में

(क) हँसी-मज़ाक करनेवाले थे

(ख) नौकरों पर बिगड़ते रहनेवाले थे

(ग) इरादे के बड़े कच्चे थे

(घ) काफी तेज़ मिज़ाज थे

12. मैं अपने मन में मंसूबे बाँधा करता था कि बड़ा होने पर

(क) पिताजी से बढ़कर होऊँगा

(ख) पिताजी की तरह बनूँगा

(ग) पिताजी से डरा नहीं करूँगा

(घ) पिताजी से ज़्यादा तेज़ मिज़ाज बनूँगा

13. मैं पिताजी की बहुत

(क) निन्दा किया करता था

(ख) चापलूसी किया करता था

(ग) इज़्ज़त किया करता था

(घ) हँसी उड़ाया करता था

14. ज्यों-ज्यों पिताजी की उम्र बढ़ती गई

(क) उनकी तेज़ मिज़ाजी बढ़ती गई

(ख) उनकी हँसी-मज़ाक की आदत बढ़ती गई

(ग) उनका संयम भी बढ़ता गया

(घ) उनकी भयंकरता बढ़ती गई

15. उपसर्ग व प्रत्यय युक्त शब्द है–

(क) हँसी-मज़ाक

(ख) खुश-किस्मती

(ग) नौकर-चाकर

(घ) कोई नहीं

16. उन की तेज़ मिज़ाजी मुझे आज भी याद है क्योंकि–

(क) मैं मारे डर के काँपने लगता था

(ख) मैं बचपन ही में उसका शिकार हो गया था

(ग) मैं पिताजी की बहुत इज़्ज़त किया करता था

(घ) वे इरादे के बड़े पक्के थे।

17. 'होशियारी' में प्रत्यय है–

(क) ई (ख) री

(ग) आरी (घ) यारी

18. दो फाउंटेन पेन देखकर यदि मेरा जी न ललचाया होता तो–

(क) मेरे बदन में क्रीम और मरहम नहीं लगाए गए होते

(ख) मुझे एक फाउटेन पेन न मिला होता

(ग) मेरा अपमान न हुआ होता

(घ) मेरी मरम्मत न हुई होती

19. ''वाजिब'' का अर्थ है–

(क) अधिक (ख) थोड़ी

(ग) उचित (घ) बहुत थोड़ी

20. ''बर्ताव'' का अर्थ है–

(क) बदलाव (ख) प्रेमालाप

(ग) बिगड़ता (घ) व्यवहार

3. एक ज़माना था, जब मुझे भी रामलीला में आनंद आता था। आनंद तो बहुत हलका-सा शब्द है। वह आनंद उन्माद से कम न था। संयोगवश उन दिनों मेरे घर से थोड़ी दूर पर रामलीला का मैदान था और जिस घर में लीला के पात्रों का रुप-रंग भरा जाता था, वह तो मेरे घर से बिलकुल मिला हुआ था। दो बजे दिन से पात्रों की सजावट होने लगती थी। मैं दोपहर ही को वहाँ जा बैठता और जिस उत्साह से दौड़-दौड़कर छोटे-मोटे काम करता, उस उत्साह से तो आज अपनी पेंशन लेने भी नहीं जाता। एक कोठरी में राजकुमारों का शृंगार होता था। उनकी देह में रामरज पीसकर पोती जाती, मुँह पर पाउडर लगाया जाता और पाउडर के ऊपर लाल, हरे नीले रंग की बुंदकियाँ लगाई जाती थीं। सारा माथा, भौंहें, गाल, ठोड़ी बुँदकियों से रच उठती थीं। एक ही आदमी इस काम में कुशल था। वही बारी-बारी से तीनों पात्रों का शृंगार करता था। रंग की प्यालियों में पानी लाना, रामरज पीसना, पंखा झलना मेरा काम था। अब इन तैयारियों के बाद विमान निकलता तो उस पर रामचंद्र जी के पीछे बैठकर मुझे जो उल्लास, जो गर्व, जो रोमांच होता था, वह अब लाट साहब के दरबार में कुर्सी पर बैठकर भी नहीं होता। एक बार जब होम-मेंबर साहब ने व्यवस्थापक सभा में मेरे एक प्रस्ताव का अनुमोदन किया था, उस वक्त मुझे वुछ उसी तरह का उल्लास, गर्व और रोमांच हुआ था। हाँ, एक बार जब मेरा ज्येष्ठ पुत्र नायब तहसीलदारी में नामजद हुआ, तब भी ऐसी ही तरंगे मन में उठी थीं, पर इनमें और उस बाल-विह्वलता में बड़ा अंतर है। तब ऐसा मालूम होता था कि मैं स्वर्ग में बैठा हूँ।

21. **बाल विह्वलता का आनंद**
   (क) उन्माद से कम नहीं होता
   (ख) बहुत हल्का होता है
   (ग) अद्वितीय होता है
   (घ) परमानंद से कम नहीं

22. **व्यवस्थापक सभा में मेरे एक प्रस्ताव के अनुमोदन पर**
   (क) मुझे अत्यंत गर्व का अनुभव हुआ
   (ख) मैं अत्यंत उल्लसित हुआ
   (ग) मुझे अविस्मरणीय रोमांच हुआ
   (घ) उपर्युक्त तीनों

23. **बाल विह्वलता में जो आनंद मिलता है, वह**
   (क) स्वर्गिक होता है
   (ख) क्षणिक होता है
   (ग) वर्णनातीत होता है
   (घ) रोमांचित करता है

24. **मुझे ऐसा ही गर्व, उल्लास व रोमांच तब हुआ था जब**
   (क) मुझे लाटसाहब के दरबार में बैठने का अवसर मिला
   (ख) होम-मेंबर का एक प्रस्ताव पर अनुमोदन मिला था
   (ग) मेरे बड़े पुत्र को नायब तेहसीलदारी के लिए नामज़द किया गया था
   (घ) मैं रामचंद्र के विमान के पीछे बैठता था

25. **एक ज़माना था जब**
   (क) रामलीला में काम करने में मुझे आनंद आता था
   (ख) रामलीला में काम करनेवालों के लिए छोटे-मोटे काम करने में मज़ा आता था
   (ग) मुझ पर रामलीला की धुन सवार थी
   (घ) मैं रामलीला के पात्रों के लिए श्रृंगार का सामान तैयार करता था

26. **रामलीला की तैयारी दोपहर दो बजे से ही इसलिए शुरू हो जाती थी, क्योंकि**
   (क) पात्रों के श्रृंगार में बहुत समय लगता था
   (ख) पात्र समय पर काम पर नहीं आते थे
   (ग) पात्रों का भारी श्रृंगार करने में समय लगता था
   (घ) रामलीला शाम से ही शुरू हो जाती थी

27. **रामलीला में मेरी रुचि इसलिए अधिक थी, क्योंकि**
   (क) रामलीला मैदान मेरे घर के पास था
   (ख) पात्रों की श्रृंगारशाला मुझे मालूम थी
   (ग) पात्रों की तैयारी में मैं भी सहायता करता था
   (घ) पात्रों का स्वयं श्रृंगार करता था

28. **रुप-रंग का समास-विग्रह है–**
   (क) रुप का रंग (ख) रुप रुपी रंग
   (ग) रुप के समान रंग (घ) रूप और रंग

29. **बाल-विह्वलता का अर्थ है–**
   (क) बचपन की यादें
   (ख) बचपन में किए कारनामे
   (ग) बालसुलभ आह्लाद
   (घ) बाल सुलभ व्याकुलता

30. **विमान का अर्थ है–**
   (क) रथ (ख) जहाज़
   (ग) घोड़ा गाड़ी (घ) रोमांच

(खंड ख)

31. **'कमल' का पर्यायवाची शब्द है–**
   (क) जलज (ख) जलद
   (ग) जलाधि (घ) जल

32. **'उत्कोच' का अर्थ है–**
   (क) उपहार (ख) भेंट
   (ग) रिश्वत (घ) अर्जित

33. **रामलाल भयंकर गर्मी में भी पंखा या कूलर नहीं चलाता। पूरा <u>मक्खीचूस</u> है। रेखांकित शब्द का अर्थ है–**
   (क) मक्खी मारने वाला
   (ख) मक्खी चूस कर खाने वाला
   (ग) पक्का व्यापारी
   (घ) कंजूस

34. **रेखांकित वाक्यांश के लिए उचित शब्द चुनिए– <u>जो अपनी अच्छाइयों के लिए प्रसिद्ध</u> होगा, वही सबका विश्वास जीतेगा।**

(क) कुख्यात (ख) विख्यात

(ग) मशहूर (घ) नामी

35. रेखांकित पद का समानार्थी नहीं है–
'आकश में बादल घिर आए हैं।'

(क) वारिद (ख) मेघ

(ग) घन (घ) नीरज

36. रिक्त स्थान हेतु उचित विपरीतार्थी शब्द का चयन कीजिए– 'देश पर मर मिटनेवालों को यश मिलता है तथा देशद्रोहियों को ....।

(क) सुयश (ख) अपयश

(ग) कुयश (घ) अपमान

37. वाक्यपूर्ति हेतु सबसे उपयुक्त शब्द चुनिए–
जंगल में हाथी की .... सुनकर सब लोग डर गए।

(क) चिंघाड़ (ख) दहाड़

(ग) गर्जना (घ) हुंकार

38. रिक्त स्थान की पूर्ति हेतु सर्वाधिक उपयुक्त विकल्प चुनिए– 'भारत में प्राकृतिक साधनों और उद्योगों के .... क्षमता है।

(क) उत्थान और पतन (ख) स्थापित करने

(ग) विकास की असीम (घ) लगाए जाने की

निम्नलिखित वाक्यों में त्रुटिपूर्ण अंश है–

39. यदि मेरा मित्र यहाँ नहीं आएगा तो मैं भी वहाँ नहीं जाऊँ–

(क) यहाँ (ख) आएगा

(ग) मैं भी (घ) जाऊँ

40. आप लोगों को जो करना है-कीजिए। मेरे से पूछने की ज़रुरत नहीं है।

(क) आप लोगों को (ख) करना है-कीजिए

(ग) मेरे से (घ) ज़रुरत

41. निम्नलिखित वाक्य का सटीक अर्थ व्यक्त करने वाला विकल्प बताइए–

(क) वह हिसाब लगा रहा है कि आगे पढ़ाई करे या नौकरी ढूँढे।

(ख) वह विचार-विमर्श कर रहा है कि उसे आगे पढ़ाई करनी चाहिए या नौकरी ढूँढनी चाहिए।

(ग) वह जोड़-तोड़ लगा रहा है कि आगे पढ़े या नौकरी करे।

(घ) वह इसी सोचविचार में है कि आगे और पढ़े या नौकरी ढूँढे।

42. तुम ऐसी हालत में वहाँ कैसे जा पाओगे?–

(क) क्या तुम्हारी हालत ऐसी है कि वहाँ जा सको?

(ख) तुम्हारी हालत ऐसी नहीं है कि वहाँ जा सको।

(ग) ऐसी हालत में तुम किस तरह वहाँ जाओगे।

(घ) जैसी तुम्हारी हालत है, तुम वहाँ जाकर क्या करोगे।

43. रेखांकित पद-भेद बताइए–
सूर्य ज्यों-ज्यों ऊपर उठने लगा, त्यों-त्यों कमल खिलने लगे।

(क) विशेषण (ख) सर्वनाम

(ग) संबंधबोधक (घ) क्रिया विशेषण

44. उचित वर्तनी वाला शब्द है–

(क) युधिष्ठर (ख) युधिष्टर

(ग) युधिष्ठिर (घ) युधिष्टिर

45. कर्मधारय समास का उदाहरण नहीं है–

(क) काली है जो मिर्च– कालीमिर्च

(ख) पेट को भरकर– भरपेट

(ग) कमल के समान नयन– कमलनयन

(घ) चंद्रमा रूपी मुख– मुखचंद्र

46. उचित उत्तर बताइए–

1. अनुप्रास, यमक, श्लेष शब्दालंकार हैं।

2. शब्दालंकार में अलंकार शब्द विशेष में होता है।

3. पुनसक्ति प्रकाश, उपमा, रूपक अर्थालंकार है।

(क) विकल्प (1) और (2) सत्य हैं और (3) असत्य।

(ख) विकल्प (1) सत्य है और (2), (3) असत्य।

(ग) विकल्प (1) और (2) असत्य है तथा (3) सत्य।

(घ) सभी विकल्प सत्य हैं।

47. स्वर संन्धि का उदाहरण नहीं है–

(क) ने + अन (ख) इति + आदि

(ग) जगत् + ईश (घ) रजनी + ईश

48. रेखांकित अंश के लिए उचित मुहावरा चुनिए– तुम समझदार बनो, साधारण बात को बढ़ा-चढ़ाकर कहना अच्छा नहीं है।

(क) बेमौत मरना।

(ख) राई का पहाड़ बनाना।

(ग) टोपी उछालना।

(घ) जले पर नमक छिड़कना।

49. उचित विराम चिह्न के प्रयोग वाला वाक्य है–

1. तिलक ने कहा था, 'स्वतंत्रता हमारा जन्मसिद्ध अधिकार है'।

2. छायावाद के चार प्रमुख कवि हैं– 'प्रसाद', 'पन्त', 'निराला' और 'महादेवी'।

(क) विकल्प (1) उचित तथा विकल्प (2) अनुचित

(ख) विकल्प (1) अनुचित तथा विकल्प (2) उचित

(ग) दोनों विकल्प उचित

(घ) दोनों विकल्प अनुचित

50. सूची-I के शब्दों के अर्थ के लिए सूची-II के साथ उचित मिलान कीजिए–

सूची-I	सूची-II
(अ) अरण्य	(A) बिजली
(ब) चंचला	(B) गंगा
(स) तरंग	(C) जंगल
(द) जाह्नवी	(d) लहर

(क) अ–D, ब–C, स–B, द–A

(ख) अ–C, ब–B, स–D, द–A

(ग) अ–A, ब–D, स–B, द–C

(घ) अ–C, ब–A, स–D, द–B

उत्तरमाला

1-(ख) ज्ञात से अज्ञान की ओर बढ़ने के लिए प्रेरित करता है, 2-(ख) बचपन से, 3-(घ) पशुयान से, 4-(ग) यात्रा-मार्ग, 5-(घ) सोचने लगता है, 6-(क) वायुयान, 7-(ग) वह जन्म से ही जिज्ञासु रहा है, 8-(घ) प्रगतिशील, 9-(क) अस्पर्श्यता समाप्त होगी, 10-(घ) उपर्युक्त तीनों, 11-(घ) काफी तेज़ मिज़ाज थे, 12-(ख) पिताजी की तरह बनूँगा, 13-(ग) इज़्ज़त किया करता था, 14-(ग) उनका संयम भी बढ़ता गया, 15-(ख) खुश-किस्मती, 16-(ख) मैं बचपन ही में उसका शिकार हो गया था, 17-(क) ई, 18-(घ) मेरी मरम्मत न हुई होती, 19-(ग) उचित, 20-(घ) व्यवहार, 21-(घ) परमानंद से कम नहीं, 22-(घ) उपर्युक्त तीनों, 23-(क) स्वर्गिक होता है, 24-(ग) मेरे बड़े पुत्र को नायब तेहसीलदारी के लिए नामज़द किया गया था, 25-(ख) रामलीला में काम करनेवालों के लिए छोटे-मोटे काम करने में मज़ा आता था, 26-(ग) पात्रों का भारी शृंगार करने में समय लगता था, 27-(ग) पात्रों की तैयारी में मैं भी सहायता करता था, 28-(घ) रूप और रंग, 29-(ग) बालसुलभ आह्लाद, 30-(क) रथ, 31-(क) जलज, 32-(ग) रिश्वत, 33-(घ) कंजूस, 34-(ख) विख्यात, 35-(घ) नीरज, 36-(ख) अपयश, 37-(क) चिंघाड़, 38-(ग) विकास की असीम, 39-(घ) जाऊँ, 40-(ग) मेरे से, 41-(घ) वह इसी सोचविचार में है कि आगे और पढ़े या नौकरी ढूँढे।, 42-(ख) तुम्हारी हालत ऐसी नहीं है कि वहाँ जा सको।, 43-(घ) क्रिया विशेषण, 44-(ग) युधिष्ठिर, 45-(ख) पेट को भरकर– भरपेट, 46-(क) विकल्प (1) और (2) सत्य हैं और (3) असत्य।, 47-(ग) जगत् + ईश, 48-(ख) राई का पहाड़ बनाना।, 49-(ख) विकल्प (1) अनुचित तथा विकल्प (2) उचित, 50-(घ) अ–C, ब–A, स–D, द–B।

मॉडल प्रश्न-पत्र-3

Section-1A (हिंदी)

पूर्णांक : 200 **निर्धारित समय : 45 मिनट**

नोट- कुल 40 प्रश्नों के उत्तर दीजिए।

(खंड क)

निम्नलिखित परिच्छेदों को ध्यानपूर्वक पढ़कर प्रश्न संख्या 1 से 30 तक दिए गए प्रश्नों के उत्तर हेतु उचित विकल्प चुनिए–

1. विज्ञापन-कला जिस तेज़ी से उन्नति कर रही है, उससे मुझे भविष्य के लिए और भी अंदेशा है। मुझे ऐसा लगता है कि वह युग आनेवाला है जब शिक्षा, विज्ञान, संस्कृति और साहित्य, सबका उपयोग केवल विज्ञापन के लिए रह जाएगा। वैसे तो आज भी इस कला के लिए इनका खासा उपयोग होता है। बहुत सी शिक्षण संस्थाएँ हैं, जो सांप्रदायिक संस्थाओं की विज्ञापन हैं। कई कला केन्द्र कुछ स्वनामधन्य लोगों की दानवीरता के विज्ञापन मात्र हैं। आज की पीढ़ी के कई लेखकों की कृतियाँ लाला धगनलाल, भगनलाल या इसी तरह के किसी और लाल की स्मारक निधि से प्रकाशित होकर लालाजी की दिवंगत आत्मा के प्रति स्मारक होने का फ़र्ज़ अदा कर रही हैं। मगर आनेवाले युग में यह कला दो कदम और आगे बढ़ जाएगी। विद्यार्थियों को विश्वविद्यालय के दीक्षांत समारोह में जो उपाधियाँ प्रदान की जाएँगी, उनके नीचे कोने में छपा रहेगा : आपकी उपाधि का सर्वाधिक उपयोग एक ही है – आज ही आयात-निर्यात का धंधा शुरू कीजिए मुफ्त सूचीपत्र के लिए हमें लिखिए – हमारा पता है ....। हर नए आविष्कार का चेहरा मुस्कुराता हुआ टेलिविजन पर इस प्रकार निवेदन करेगा – मुझे यह कहते हुए हार्दिक प्रसन्नता है कि मेरे प्रयत्न की सफ़लता का श्रेय जूते बनाने वाली कंपनी को है, क्योंकि उन्हीं की प्रेरणा से मैंने शुभारम्भ किया था। विष्णु मंदिर खड़े होंगे, जिनमें संगमरमर की सुन्दर प्रतिमा के नीचे पट्टी लगी होगी – याद रखिए, इस मूर्ति और इस भवन के निर्माण का श्रेय कंगारू छाप बिस्कुट बनानेवाले नथमल जी रामलालजी फ़र्म को है। इस बिस्कुट को सदैव प्रयोग में लाएं, भगवान का आशीर्वाद पाएं।

1. शिक्षा, संस्कृति और साहित्य का उपयोग सिर्फ़ विज्ञापन के लिए रह जाएगा क्योंकि–

(क) आजकल इस कला का बड़ा उपयोग किया जा रहा है

(ख) ऐसे युग के आने का आभास है, जब सब कुछ विज्ञापन के लिए ही किया जाएगा

(ग) क्योंकि इससे उस प्रतिमा को लगानेवाली फ़र्म का विज्ञापन होगा

(घ) क्योंकि इससे मूर्ति की मज़बूती बढ़ जाएगी

2. संगमरमर की सुंदर प्रतिमा के नीचे पट्टी क्यों लगी होगी?

(क) कंगारू छाप बिस्कुट की बिक्री बढ़ेगी

(ख) संगमरमर के नीचे पट्टी लगाना धार्मिक अनुष्ठान है

(ग) क्योंकि इससे उस प्रतिमा को लगानेवाली फ़र्म का विज्ञापन होगा

(घ) क्योंकि इससे मूर्ति की मज़बूती बढ़ जाएगी

3. आविष्कार का चेहरा टेलिविजन पर कब मुस्कुराएगा?

(क) जब आविष्कार एकदम नया होगा

(ख) जब उसे जूते बनानेवाली कम्पनी प्रायोजित करेगी

(ग) जब उसे अपने आप सफलता मिल जाएगी

(घ) जब उसकी बाज़ारों में बिक्री की जाएगी

4. विद्यार्थियों को उपाधियाँ कब मिलेंगी?

(क) जब आयात-निर्यात का सूचीपत्र छप जाएगा

(ख) जब उनके सर्वाधिक उपयोग का समय आ जाएगा

(ग) जब उनको छापने वाली कम्पनी छापकर देगी

(घ) जब विश्वविद्यालय में दीक्षांत समारोह होगा

5. नए आविष्कार का चेहरा टेलिविजन पर निवेदन करेगा क्योंकि

(क) इससे अधिक लोग टी.वी. देखने के लिए प्रेरित होंगे

(ख) इससे जूते बनाने वाली कंपनी का विज्ञापन होगा

(ग) इससे लोगों को आविष्कार के विषय में पता चल जाएगा

(घ) इससे आविष्कारक को काफ़ी प्रसिद्धि मिलेगी

6. ''स्वनामधन्य'' का क्या अर्थ है–

(क) अपने नाम के कारण धन्य होने वाला

(ख) जो अपने नाम को धन्य करे

(ग) जो किसी को अपना नाम देकर धन्य करे

(घ) जिसका नाम किसी बड़े आदमी के नाम से मिलने के कारण धन्य हो

7. उपसर्ग युक्त शब्द-समूह है–

(क) विज्ञान, विज्ञापन, संस्कृति, उन्नति

(ख) प्रयत्न, दिवंगत, उपयोग, प्रकाशित

(ग) उपाधियाँ, हार्दिक, विज्ञापन, संस्कृति

(घ) प्रसन्नता, संस्कृति, प्रकाशित, उन्नति

8. दिवंगत का अर्थ है–

(क) गया हुआ (ख) स्वर्गवासी

(ग) परदेशी (घ) बीमार

9. 'उन्नति' का विपरीतार्थी शब्द है–

(क) अवनति (ख) उत्थान

(ग) पतन (घ) सोपान

10. 'शुभारम्भ' का उचित विग्रह व समास है–

(क) शुभ का आरम्भ / कर्मधारय

(ख) शुभ है जो आरम्भ / कर्मधारय

(ग) शुभ है जो आरम्भ / तत्पुरुष

(घ) शुभ का आरम्भ / अव्ययीभाव

2. बंधुआ मज़दूरों के उत्पीड़न की कहानी बड़ी भयानक है। एक बार ठेकेदार के चंगुल में फँसने के बाद उनकी ज़िंदगी मौत के जबड़ों में जाकर ही समाप्त होती है। मालिक के सामने उनकी हैसियत एक मरियल बैल से ज़्यादा नहीं होती। ज़रा-सी हुक्मअदूली करने पर मारपीट तो सामान्य बात है। बंधुआ मज़दूरों के दस वर्ष के बच्चे से लेकर सत्तर-अस्सी वर्षीय बूढ़े तक, सूरज उगने से पूर्व से रात होने तक दमतोड़ मेहनत करते हैं और पाते हैं सिर्फ़ पाँच सौ रुपये हफ़्ता। महीने में चार हफ़्ते होते हैं, अतः कुल मिलाकर एक परिवार दो से चार हजार रुपया माहवार ही कमा पाता है।

कोई भी बंधुआ मज़दूर मालिक की चहार-दीवारी से बाहर नहीं झाँक सकता। यदि कोई मज़दूर ऐसी इच्छा भी प्रकट करता है, तो ठेकेदार के आदमी उसे अमानवीय यातनाएँ देते हैं। अगर कोई मज़दूर नाकेबंदी को तोड़कर भाग भी जाता है, तो पुलिस उसे पकड़कर ठेकेदारों की गुंडा-फौज़ के सुपुर्द कर देती है। सबसे बढ़कर, जो यातना बंधुआ परिवार को झेलनी पड़ती है, वह है उनकी स्त्रियों का शोषण। खदानों में महिला मज़दूरों के शोषण की लोमहर्षक घटनाओं का वर्णन नहीं किया जा सकता।

बंधुआ मज़दूरों की समस्याओं की ओर सरकार का ध्यान गया है और बंधुआ मज़दूरों की मुक्ति और पुनर्वास के लिए कई कार्यक्रम बनाए गए हैं, लेकिन इनकी स्थिति में अभी-भी काफी सुधार अपेक्षित है।

11. बंधुआ मज़दूरों के साथ होने वाला व्यवहार

(क) लोमहर्षक है

(ख) अमानवीय है

(ग) अत्यधिक दयनीय है

(घ) यातनापूर्ण है

12. महिला मज़दूरों के शोषण का वर्णन

(क) रोमांचक है

(ख) लोमहर्षक है

(ग) बहुत ही वीभत्स है

(घ) वर्णनातीत है

13. बंधुआ मज़दूर के विषय में असत्य कथन है–

(क) अनुबंद्ध श्रमिक

(ख) बंधक मज़दूर

(ग) 'क' और 'ख' दोनों

(घ) उपर्युक्त में से कोई नहीं

14. कोई भी बंधुआ मज़दूर यदि भागने की कोशिश करता है तो

(क) ठेकेदार के लोग उसको पकड़ लाते हैं

(ख) पुलिस उन्हें ठेकेदारों की गुंडा-फ़ौज़ के हवाले कर देती

(ग) उसे अमानवीय यातनाएँ दी जाती हैं

(घ) उसे मुक्त कर दिया जाता हैं

15. बंधुआ मज़दूरों की मुक्ति के कई प्रयास किए गए हैं

(क) लेकिन उनमें पूरी सफलता मिली है

(ख) किंतु अभी बहुत कुछ किया जाना आवश्यक है

(ग) लेकिन वे अभी कार्यक्रम स्तर पर ही हैं

(घ) परंतु उनसे कोई फ़ायदा नहीं हो सकता

16. कोई भी बंधुआ मज़दूर मालिक की चहार दीवारी से नहीं निकल सकता क्योंकि

(क) पकड़े जाने पर उसको अमानवीय यातनाएँ सहनी पड़ेंगी

(ख) पुलिस उनकी सहायता नहीं करेगी

(ग) ठेकेदारों की गुंडा-फ़ौज़ उसे पुलिस के हवाले कर देगी

(घ) ठेकेदार के हाथ बहुत लंबे हैं

17. सरकार ने बंधुआ मज़दूरों की मुक्ति व पुनर्वास के लिए कार्यक्रम बनाए हैं, क्योंकि

(क) यह समस्या कानूनी दायरे से बाहर की है

(ख) वह बंधुआ मज़दूरों के शोषण को समाप्त करना चाहती है

(ग) यह एक ज्वलंत समस्या है

(घ) केवल पुलिस इस में कुछ नहीं कर सकती

18. सरकार को बंधुआ मज़दूरों के लिए कार्यक्रम बनाने पड़े क्योंकि

(क) उन्होंने अपनी सुविधा के लिए भोज-पत्र दिया था

(ख) वे अपने लिए कुछ भी नहीं कर पाए

(ग) उनको बड़ी-बड़ी यातनाएँ दी गई

(घ) वे सरकार का ध्यान आकर्षित करते रहे

19. 'हुक्म-उदूली' का अर्थ है–

(क) आज्ञा का पालन (ख) आज्ञा का उल्लंघन

(ग) आदेश मानना (घ) हुक्म पालन

20. ''लोमहर्षक'' शब्द का अर्थ है–

(क) प्रसन्न करनेवाला (ख) रोमांचित करनेवाला

(ग) यातना देनेवाला (घ) अमानवीय

3. मैट्रिक की परीक्षा उत्तीर्ण करने के पश्चात् वल्लभभाई पटेल की इच्छा उच्च शिक्षा प्राप्त करने की थी, किन्तु घर की आर्थिक स्थिति अच्छी न होने के कारण उन्हेंने कॉलेज में प्रवेश लेने का विचार छोड़ दिया और 'मुख्तारी' की परीक्षा उत्तीर्ण कर सन् 1900 से गोधरा में फ़ौज़दारी के मुकदमों की प्रैक्टिस करने लगे। अपनी कार्यपटुता और अद्‌भुत अध्यवसाय के कारण उन्होंने शीघ्र ही इस क्षेत्र में बहुत ख्याति अर्जित कर ली। उन दिनों कचहरियों के उच्चाधिकारियों और पुलिस पर वल्लभ भाई का बड़ा दबदबा था।

सार्वजनिक सेवा की भावना वल्लभ भाई में जन्मजात थी। एक बार जब गोधरा में भयानक प्लेग फैला तो उन्होंने वहाँ की जनता की दिन-रात तत्परता से सेवा की। उनकी धर्मपत्नी झवेर बाई भी इस कार्य में उनके साथ संलग्न थी। महामारी के दौरान पति-पत्नी ने अपनी तनिक भी चिंता न की। प्लेग शांत होने पर पत्नी को आग्रहपूर्वक उन्होंने करमसद भेज दिया और स्वयं नाडियाद चले गए। करमसद जाकर उन की पत्नी बीमार हो गई और दिन-रात उन की हालत बिगड़ती गई। फलत: ऑपरेशन के लिए मुम्बई छोड़ कर वे फिर लौट आए और अपनी वकालत के कार्य में पूर्ववत् संलग्न हो गए। एक दिन जब वे अदालत में फ़ौज़दारी के एक मुक़दमे की पैरवी में व्यस्त थे तो उन्हें एक तार मिला। पढ़ कर उन्होंने उसे चुपचाप जेब में रख लिया और फिर मुक़दमे की पैरवी करने लगे। सब काम समाप्त कर लेने के बाद ही उन्होंने मित्रों से उस तार की चर्चा की और बताया कि इसमें उनकी पत्नी की मृत्यु का समाचार था। विपत्ति में धैर्य और साहस बनाए रखने का इससे बढ़कर ज्वलंत उदाहरण और क्या हो सकता है

उनकी धर्मपत्नी के देहावसान के समय वल्लभ भाई की आयु केवल 33 वर्ष की थी। उन्होंने आजीवन दूसरा विवाह नहीं किया। देशसेवा में वयस्त रहने के कारण वे अपने बच्चों की पढ़ाई अथवा गृहस्थी के अन्य कार्यों की देखभाल नहीं कर पाते थे; किन्तु उन की पुत्री कुमारी मणिबेन ने मृत्युपर्यन्त उन्हें इस ओर से निश्चिंत रखा। माँ की मृत्यु के समय यद्यपि पाँच वर्ष की भी नहीं हुई थीं और ताई की मृत्यु के समय केवल छह वर्ष की ही थी, फिर भी उन्होंने ताऊ, पिता और अपने से डेढ़ वर्ष छोटे भाई की देखभाल का भार अपने ऊपर ही ले लिया था। पटेल की राजनीतिक सेवाओं की पृष्ठभूमि में कुमारी मणिबेन की सेवाएँ सदा याद की जाएँगी।

21. **सरदार पटेल ने हमारे समक्ष कौन-सा ज्वलन्त उदाहरण रखा था?**
 (क) कचहरी के उच्चाधिकारियों और पुलिस पर दबदबा रखना
 (ख) एक पत्नीव्रता पालन करना
 (ग) जनता की दिन-रात सेवा-सुश्रूषा करना
 (घ) विपत्ति में धैर्य और साहस बनाए रखना

22. **वल्लभ भाई की इच्छा थी कि**
 (क) कॉलेज में प्रवेश लिया जाए
 (ख) उच्च शिक्षा प्राप्त की जाए
 (ग) सार्वजनिक सेवा में लगा जाए
 (घ) आजीवन दूसरा विवाह न किया जाए

23. **महामारी क्या होती है–**
 (क) छुआछूत से फैलती है
 (ख) धीरे-धीरे पूरे विश्व में पैर पसारती है
 (ग) इस पर नियंत्रण करना बहुत कठिन होता है
 (घ) उपर्युक्त तीनों

24. **मुख़्तारी की परीक्षा उत्तीर्ण करने के बाद वल्लभ भाई करने लगे**
 (क) सार्वजनिक सेवा
 (ख) फ़ौज़दारी के मुक़दमों की प्रैक्टिस
 (ग) पुलिस पर रौब ग़ालिब
 (घ) उच्चाधिकारियों के साथ मार-पीट

25. **उपसर्गयुक्त शब्द है–**
 (क) आर्थिक (ख) अध्यवसाय
 (ग) फ़ौज़दारी (घ) राजनीतिक

26. **'उर्दू' का शब्द नहीं–**
 (क) करमसद (ख) मुक़दमा
 (ग) मुख़्तारी (घ) पैरवी

27. **वल्लभ भाई गृहस्थी के कार्यों की देखभाल नहीं करते थे, क्योंकि**
 (क) कुमारी मणिबेन ने उन्हें इस और से निश्चिंत कर रखा था
 (ख) उन्हें अन्य कार्यों से फुर्सत नहीं मिल पाती थी
 (ग) वे देश सेवा में व्यस्त रहते थे
 (घ) वे गृहस्थी के प्रति उदासीन थे

28. **33 वर्ष की उम्र में विधुर होने पर भी वल्लभ भाई ने दूसरा विवाह न किया तथा लोगों के सामने आदर्श रखा–**
 (क) एक पत्नीव्रत का (ख) दृढ़ चरित्र का
 (ग) देश सेवा का (घ) समाज सेवा का

29. **यहाँ ''अध्यवसाय'' का अर्थ है–**
 (क) अध्ययन (ख) दृढ़ निश्चय
 (ग) निष्ठा (घ) परिश्रम

30. **यहाँ ''ज्वलंत उदाहरण'' का अर्थ है–**
 (क) दैदीप्यमान उदाहरण
 (ख) जलता हुआ उदाहरण
 (ग) अतुल उदाहरण
 (घ) अनुकरणीय उदाहरण

(खंड ख)

31. **शुद्ध वर्तनी वाले शब्द हैं–**
 (अ) अर्न्तराष्ट्रीय (ब) आशीर्वाद
 (स) उनतीस (द) ज्योत्सना
 (क) (अ) और (ब) विकल्प वाले शब्द
 (ख) (ब) और (स) विकल्प वाले शब्द
 (ग) (अ), (ब) और (स) विकल्प वाले शब्द
 (घ) (अ), (ब), (स) और (द) विकल्प वाले

32. **नीचे लिखे वाक्यों को पढ़कर सही विकल्प का चयन करें–**
 (अ) 'अभिषेक बाज़ार से फल लेकर आया'। कर्तृ वाच्य का उदाहरण है।
 (ब) पुस्तक मेरे मित्रों द्वारा पढ़ी गई थी। भाव वाच्य का उदाहरण है।
 (क) विकल्प (अ) सत्य है तथा (ब) असत्य है।
 (ख) विकल्प (ब) सत्य है तथा (अ) असत्य है।
 (ग) दोनों विकल्प (अ) तथा (ब) सत्य है।
 (घ) दोनों विकल्प (अ) तथा (ब) असत्य हैं।

33. **नीचे लिखे वाक्यों को पढ़कर सही उत्तर बताएँ–**
 (अ) लिखते समय प्रत्येक वाक्य की समाप्ति पर पूर्ण विराम (।) चिह्न का प्रयोग होता है।
 (ब) मिश्र तथा संयुक्त वाक्यों में विपरीतार्थी अर्थ प्रकट करने वाले उपवाक्यों के बीच अर्द्ध विराम

(;) चिह्न का प्रयोग होता है।

(क) विकल्प (अ) असत्य और (ब) सत्य है।

(ख) विकल्प (अ) सत्य और (ब) सत्य है।

(ग) दोनों विकल्प असत्य हैं।

(घ) दोनों विकल्प सत्य है।

34. नीचे दिए वाक्य के उत्तर के लिए उचित विकल्प चुनिए–

(अ) 'प्राचीन' का समानार्थी शब्द है 'अर्वाचीन'

(ब) प्राचीन का विलोम शब्द है 'अर्वाचीन'

(क) दोनों विकल्प सत्य हैं।

(ख) दोनों विकल्प असत्य हैं।

(ग) विकल्प (अ) सत्य और (ब) असत्य है।

(घ) विकल्प (अ) असत्य और (ब) सत्य है।

35. सूची-I के शब्दों को सूची-II में दिए अर्थों के साथ उचित मिलान कीजिए–

सूची-I	सूची-II
(अ) पयोधि	(A) आलोचना
(ब) मनीषी	(B) समुद्र
(स) वाद-विवाद	(C) विद्वान
(द) समीक्षा	(d) तर्क-वितर्क

(क) अ–A, ब–B, स–C, द–D

(ख) अ–B, ब–C, स–D, द–A

(ग) अ–C, ब–D, स–A, द–B

(घ) अ–B, ब–C, स–D, द–A

36. उपयुक्त शब्द के चयन द्वारा रिक्त स्थान की पूर्ति कीजिए–

परीक्षा में उसी विद्यार्थी को सफलता मिली, ... दिन-रात परिश्रम किया।

(क) जिसे (ख) जो

(ग) जिसने (घ) वही

37. प्रतिबंधित' शब्द का समानार्थी शब्द है–

(क) निषिद्ध (ख) अनुपयोगी

(ग) व्यर्थ (घ) संदिग्ध

38. दिए गए वाक्यों को पढ़कर सही उत्तर का चयन करें–

(अ) प्रसाद, पंत, निराला और महादेवी वर्मा छायावाद के प्रमुख कवि हैं।

(ब) मुंशी प्रेमचंद कथा सम्राट हैं।

(क) विकल्प (अ) सत्य तथा (ब) असत्य है।

(ख) विकल्प (अ) असत्य तथा (ब) सत्य है।

(ग) दोनों विकल्प सत्य है।

(घ) दोनों विकल्प असत्य हैं।

39. किस शब्द में 'ईय' प्रत्यय का प्रयोग नहीं है–

(क) मानवीय (ख) भारतीय

(ग) ईश्वरीय (घ) निंदनीय

40. 'व्याकरण' शब्द में प्रयुक्त उपसर्ग है–

(क) व्या (ख) वि

(ग) वि, आ (घ) वि, या

41. नीचे लिखे वाक्य में रेखांकित पदबंध का भेद है–

नीलिमा धीरे-धीरे चलते हुए अपने घर जा रही है।

(क) संज्ञा पदबंध

(ख) विशेषण पदबंध

(ग) क्रिया पदबंध

(घ) क्रिया विशेषण पदबंध

42. 'मेरे घर पहुँचते ही बारिश शुरू हो गई'। इसका उचित मिश्र वाक्य है–

(क) मैं घर पहुँचा और बारिश शुरू हो गई।

(ख) जैसे ही मैं घर पहुँचा, बारिश शुरू हो गई।

(ग) मैं घर पहुँचा ही था और बारिश शुरू हो गई।

(घ) क्योंकि मैं घर पहुँचा, इसलिए बारिश शुरू हो गई।

43. 'कार्यकुशल' में समास है–

(क) द्वंद्व (ख) कर्मधारय

(ग) बहुव्रीहि (घ) तत्पुरुष

44. 'ईंट से ईंट बजाना' मुहावरे का किस वाक्य में सटीक प्रयोग हुआ है?

(क) हमारी सेना ने कारगिल युद्ध में शत्रुओं की ईंट से ईंट बजा दी।

(ख) तुम हर समय ईंट से ईंट क्यों बजाते रहते हो।

(ग) ईंट से ईंट बजाना अच्छी बात नहीं है।

(घ) पड़ोसी की छत पर चार घंटे से ईंट से ईंट बज रही है।

45. रिक्त स्थान की पूर्ति हेतु उचित मुहावरा चुनिए–

आतंकवादियों को अपने सामने देखकर नैतिक के .... गए।

(क) जिगर के टुकड़े होना

(ख) छाती पर साँप लोटना

(ग) हाथ-पाँव फूल जाना

(घ) आसमान सिर पर गिरना

46. पदबंध वाक्य का वह भाग है, जिसमें–

(क) एक या अधिक पद मिलकर व्याकरणिक इकाई का कार्य नहीं करते।

(ख) एक से अधिक पद मिलकर एक ही व्याकरणिक इकाई का कार्य करते हैं।

(ग) एक से अधिक अक्षरों से बने स्वतंत्र शब्दों का प्रयोग होता है।

(घ) एक या अधिक पद मिलकर कोई विशिष्ट अर्थ देते हैं।

47. व्याकरण की दृष्टि से शुद्ध वाक्य है–

(क) जल्दी से कुरता डाल लो।

(ख) देश में सर्वस्व शांति है।

(ग) हाथियों की चिंघाड़ सुनकर हम डर गए।

(घ) किसी के स्नेह का मूल्य मापा नहीं जा सकता।

48. शुद्ध वाक्य चुनिए–

(क) मैं आपका सदैव आभारी रहूद्गा।

(ख) मैं आपका सदैव आभार का भार मानता रहूँगा।

(ग) मैं आपका सदैव आभार लेता रहूँगा।

(घ) मैं आपका सदैव से आभारी रहूँगा।

49. निम्नलिखित वाक्यांशों को उचित क्रम में व्यवस्थित कीजिए–

(अ) पुलिस ने उसका सामान

(ब) थाने में रख दिया

(स) बस में छूट जाने के कारण

(द) अपने कब्ज़े में लेकर

(क) अ, ब, स, द (ख) स, अ, ब, द

(ग) ब, अ, द, स (घ) स, अ, द, ब

50. ''पानी गए न ऊबरै, मोती मानुष चून'' इस वाक्य में 'पानी' का अर्थ नहीं है–

(क) आभा (ख) अपमान

(ग) जल (घ) सम्मान

उत्तरमाला

1-(ख) ऐसे युग के आने का आभास है, जब सब कुछ विज्ञापन के लिए ही किया जाएगा, 2-(ग) क्योंकि इससे उस प्रतिमा को लगानेवाली फ़र्म का विज्ञापन होगा, 3-(क) जब आविष्कार एकदम नया होगा, 4-(घ) जब विश्वविद्यालय में दीक्षांत समारोह होगा, 5-(ख) इससे जूते बनाने वाली कंपनी का विज्ञापन होगा, 6-(क) अपने नाम के कारण धन्य होने वाला, 7-(क) विज्ञान, विज्ञापन, संस्कृति, उन्नति, 8-(ख) स्वर्गवासी, 9-(क) अवनति, 10-(ख) शुभ है जो आरम्भ / कर्मधारय, 11-(ख) अमानवीय है, 12-(घ) वर्णनातीत है, 13-(ग) 'क' और 'ख' दोनों, 14-(ख) पुलिस उन्हें ठेकेदारों की गुंडा-फ़ौज़ के हवाले कर देती, 15-(ख) किंतु अभी बहुत कुछ किया जाना आवश्यक है, 16-(क) पकड़े जाने पर उसको अमानवीय यातनाएँ सहनी पड़ेंगी, 17-(ग) यह एक ज्वलंत समस्या है, 18-(ख) वे अपने लिए कुछ भी नहीं कर पाए, 19-(ख) आज्ञा का उल्लंघन, 20-(ख) रोमांचित करनेवाला, 21-(ग) जनता की दिन-रात सेवा-सुश्रूषा करना, 22-(ख) उच्च शिक्षा प्राप्त की जाए, 23-(घ) उपर्युक्त तीनों, 24-(ख) फ़ौज़दारी के मुक़दमों की प्रैक्टिस, 25-(ख) अध्यवसाय, 26-(क) करमसद, 27-(ग) वे देश सेवा में व्यस्त रहते थे, 28-(घ) समाज सेवा का, 29-(घ) परिश्रम, 30-(क) दैदीप्यमान उदाहरण, 31-(ख) (ब) और (स) विकल्प वाले शब्द, 32-(क) विकल्प (अ) सत्य है तथा (ब) असत्य है।, 33-(क) विकल्प (अ) असत्य और (ब) सत्य है।, 34-(घ) विकल्प (अ) असत्य और (ब) सत्य है।, 35-(घ) अ-B, ब-C, स-D, द-A, 36-(ग) जिसने, 37-(क) निषिद्ध, 38-(ग) दोनों विकल्प सत्य है।, 39-(घ) निंदनीय, 40-(ग) वि, आ, 41-(घ) क्रिया विशेषण पदबंध, 42-(ख) जैसे ही मैं घर पहुँचा, बारिश शुरू हो गई।, 43-(घ) तत्पुरुष, 44-(क) हमारी सेना ने कारगिल युद्ध में शत्रुओं की ईंट से ईंट बजा दी।, 45-(ग) हाथ-पाँव फूल जाना, 46-(ख) एक से अधिक पद मिलकर एक ही व्याकरणिक इकाई का कार्य करते हैं।, 47-(ग) हाथियों की चिंघाड़ सुनकर हम डर गए।, 48-(क) मैं आपका सदैव आभारी रहूद्गा।, 49-(घ) स, अ, द, ब, 50-(ख) अपमान।

मॉडल प्रश्न-पत्र-4

Section-1A (हिंदी)

पूर्णांक : 200 **निर्धारित समय : 45 मिनट**

नोट- कुल 40 प्रश्नों के उत्तर दीजिए।

(खंड क)

निम्नलिखित परिच्छेदों को ध्यानपूर्वक पढ़कर प्रश्न संख्या 1 से 30 तक दिए गए प्रश्नों के उत्तर हेतु उचित विकल्प चुनिए-

1. वैज्ञानिक अनुसंधानों एंव औद्योगिक प्रगति के पूर्व के मनोरंजन एवं आज के युग में उपलब्ध मनोरंजन में तथा इससे संबंधित हमारी आवश्यकताओं एवं अभिरुचि में बहुत अधिक अंतर आ गया है। पहले मनारंजन का उद्देश्य मात्र मनोरंजन होता था और यह प्रक्रिया धार्मिक एवं सामाजिक भावों से संलग्न थी। ऐसा मनोरंजन व्यक्तित्व के गठन एवं स्वस्थ दृष्टिकोण के उन्नयन में सहायक होता था; किंतु आज इसका महत्वपूर्ण उद्देश्य 'अर्थप्राप्ति' हो गया है। संभवत: इसी कारण मनोरंजन का स्वरूप पूर्णत: बदल गया है।

आधुनिक परिवेश में मनोरंजन का जो भी रूप उपलब्ध है, वह हमारे व्यक्तित्व के गठन पर कुठाराघात करता है, आदर्शों को झुठलाता है, अस्वस्थ अभिरुचि एवं दृष्टिकोण को प्रोत्साहन देता है या उस जीवन के सब्ज़बाग दिखाता है, जो जीने योग्य नहीं है। यह रूप व्यक्ति, समाज और विशेषकर हमारी भावी पीढ़ी को भ्रमित कर रहा है।

मनोरंजन से संबद्ध विभिन्न संस्थाएँ-अभद्र सिनेमा, नृत्यशालाएँ, फैशन परेड आदि प्रत्यक्ष या अप्रत्यक्ष रूप से व्यक्ति एवं समाज के जीवन को विकृत कर रहे हैं। बड़े-बड़े नगरों की नृत्यशालाओं एवं नाइट क्लबों में मनोरंजन के नाम पर जो गतिविधियाँ सपन्न होती हैं, वे तथाकथित आधुनिक एवं प्रगतिशील विचारधारा से भले ही समर्थित हों, किंतु स्वस्थ भारतीय दृष्टिकोण के अनुसार तो वे पश्चिमी देशों की अंधी नकल ही हैं। इनके समर्थक यह भूल जाते हैं कि उनका मानसिक गठन, संस्कार, रीति-रिवाज तथा जीवन-पद्धति पश्चिमी देशों से एकदम भिन्न है।

इस प्रकार देश में मनोरंजन के नाम पर जो भी भौंडापन उपलब्ध है-वह विघटन का स्रोत है, विकारों का जनक है एवं क्षयग्रस्त जीवन का पर्याय है।

1. वैज्ञानिक प्रगति से पहले और बाद के मनोरंजन के स्वरूप और हमारी सोच में क्या अंतर आया है?

(क) पहले मनोरंजन की प्रक्रिया धार्मिक व सामाजिक भावों से युक्त थी, आज सिर्फ मनोरंजन से युक्त है

(ख) पहले मनोरंजन का उद्देश्य मात्र मनोरंजन था, आज व्यक्तित्व के गठन व स्वस्थ्य दृष्टिकोण के उन्नयन में सहायक है

(ग) पहले मनोरंजन का उद्देश्य मात्र मनोरंजन था, आज अर्थप्राप्ति हो गया है

(घ) हमारी सोच में कोई अंतर नहीं आया है

2. आधुनिक मनोरंजन जीवन को कैसे प्रभावित कर रहा है-

(क) अस्वस्थ अभिरुचि व दृष्टिकोण को बढ़ावा दे रहा है

(ख) उस जीवन के सब्ज़बाग दिखाता है, जो जीने योग्य नहीं है

(ग) आदर्शों को निरर्थक बता रहा है

(घ) उपर्युक्त सभी

3. मनोरंजन का एक विशेष स्वरूप भावी पीढ़ी को कैसे भ्रमित कर रहा है।

(क) जीवन के प्रति अस्वस्थ दृष्टिकोण विकसित करता है।

(ख) उस जीवन के सब्ज़बाग दिखाता है जो जीने योग्य नहीं है।

(ग) आदर्शों को पोषित करता है।

(घ) उपर्युक्त में से कोई नहीं।

4. पश्चिमी देशों का अंधानुकरण किसे कहा गया है?

(क) भारतीय परंपरा के विपरीत भारत में नाइट क्लबों व नृत्यशालाओं की स्थापना होना

(ख) आदर्शों को झुठलाकर अस्वस्थ अभिरुचि एवम् दृष्टिकोण को प्रोत्साहन देना

(ग) 'क' और 'ख' दोनों

(घ) उपर्युक्त में से कोई नहीं

5. परिच्छेद के लिए उपयुक्त शीर्षक होगा–

(क) पाश्चात्य प्रभाव और मनोरंजन

(ख) मनोरंजन का बदलता स्वरूप

(ग) मनोरंजन और हम

(घ) वैज्ञानिक अनुसंधान और औद्योगिक प्रगति

6. 'संभवतः इसी कारण मनोरंजन का स्वरूप पूर्णतः बदल गया है।' अर्थ के आधार पर वाक्य भेद है–

(क) विधान वाचक (ख) संकेत वाचक

(ग) संदेह वाचक (घ) विस्मय वाचक

7. 'औद्योगिक में मूल शब्द व प्रत्यय है–

(क) औद्योग + इक (ख) औद्योगि + क

(ग) उत् + यौगिक (घ) उद्योग + इक

8. 'आधुनिक परिवेश में मनोरंजन का जो भी रूप उपलब्ध है, वह हमारे व्यक्तित्व के गठन पर कुठाराघात करता है।' इस वाक्य का सरल वाक्य होगा–

(क) आधुनिक परिवेश में मनोरंजन का उपलब्ध रूप हमारे व्यक्तित्व के गठन पर कुठाराघात करता है

(ख) मनोरंजन का जो भी रूप आधुनिक परिवेश में उपलब्ध है, वह हमारे व्यक्तित्व के गठन पर कुठाराघात करता है

(ग) आधुनिक परिवेश में मनोरंजन का रूप उपलब्ध है और वह हमारे व्यक्तित्व के गठन पर कुठाराघात करता है

(घ) हमारे व्यक्तित्व के गठन पर कुठाराघात करने वाला मनोरंजन का रूप आधुनिक परिवेश में उपलब्ध है

9. परिच्छेद में 'कुठाराघात' का अर्थ है–

(क) कुल्हाड़ी से लगी चोट

(ख) घातक चोट

(ग) बहुत हानि पहुँचानेवाला कार्य

(घ) उपर्युक्त तीनों

10. मनोरंजन का समास-विग्रह व भेद है–

(क) मन के रंजन वाला / बहुव्रीहि

(ख) मन का रंजन / तत्पुरुष

(ग) मन है जो रंजन / कर्मधारय

(घ) मन का रंजन करने वाला / तत्पुरुष

2. आज विज्ञान और प्रौद्योगिकी का युग है और मानव जाति की उन्नति इन्हीं पर निर्भर है। इसका स्वाभाविक परिणाम है–ऊर्जा की बढ़ती खपत। वास्तव में आजकल जीवनस्तर का मापदंड एक औसत आदमी द्वारा ऊर्जा की खपत से निर्धारित होता है। उन्नत और विकसित देशों में प्रति – व्यक्ति ऊर्जा खपत बहुत ज्यादा है। इससे पूरे विश्व में ऊर्जा का संकट पैदा हो गया है। इसे दूर करने के लिए प्रयास किए जा रहे हैं। ऊर्जा के स्रोतों को दो वर्गों में रखा जाता है – अरूढ़िगत नवीकरण योग्य तथा रूढ़िगत नवीकरण के अयोग्य। जो स्रोत समाप्त नहीं होते और प्रकृति में बनते रहते हैं, उन्हें नवीकरणीय स्रोत कहते हैं; जैसे-वायु, जल, भू-उष्म आदि। जब तक मानव समाज का अस्तित्व है, तब तक ये स्रोत समाप्त नहीं होंगे। ये अरूढ़िगत हैं, क्योंकि अब भी इनका प्रयोग बहुत पुराना नहीं हुआ। इसके विपरीत रूढ़िगत स्रोत मानव इतिहास के अभिन्न अंग हैं; जैसे-कोयला, तेल, लकड़ी आदि। इनमें कुछ नए भी हैं, जैसे प्राकृतिक गैस। इन स्रोतों का नवीकरण नहीं हो सकता। ये स्रोत युगों-युगों से संचित होकर इस रूप में आए हैं और इनको दुबारा बनने में भी कई युग लगेंगे। अतः इनका प्रतिस्थापन शीघ्रता से नहीं हो सकता। अब अरूढ़िगत स्रोतों का विकास करने के प्रयास किए जा रहे हैं, जिनमें सौर ऊर्जा, पवन ऊर्जा तथा ज्वारीय ऊर्जा मुख्य हैं। इन पर कई स्थलों में अनुसंधान हो रहा है। भारत में इन स्रोतों की असीमित क्षमता है। इनके अतिरिक्त नाभिकीय ऊर्जा को भी संभावित स्रोतों में रखा जा सकता है। इस ऊर्जा का पूरी तरह विकास कर लिया जाए तो ऊर्जा के क्षेत्र में क्रांति आ जाएगी।

11. **मनुष्य की उन्नति का सबसे बड़ा आधार है–**
   (क) ऊर्जा की घटती हुई खपत
   (ख) ऊर्जा की बढ़ती हुई खपत
   (ग) ऊर्जा के नए स्रोत
   (घ) ऊर्जा के लिए अनुसंधान

12. **रूढ़िगत ऊर्जा स्रोतों का–**
   (क) नवीकरण करने में कठिनाइयाँ होती हैं
   (ख) नवीकरण करने की आवश्यकता नहीं हैं
   (ग) नवीकरण नहीं किया जा सकता
   (घ) नवीकरण करने में बहुत खर्च होगा

13. **जीवन स्तर का मापदंड निर्धारित होता है–**
   (क) विज्ञान से
   (ख) प्रौद्योगिकी से
   (ग) ऊर्जा की खपत से
   (घ) प्राकृतिक स्रोतों से

14. **अरूढ़िगत स्रोतों को–**
   (क) नवीकरण योग्य माना जाता है
   (ख) नवीकरण योग्य नहीं माना जाता
   (ग) योग्य बनाने के लिए नवीकरण किया जाता है
   (घ) योग्य बनाने में कठिनाई होती है

15. **जब तक मानव समाज का अस्तित्व है, तब तक–**
   (क) अरूढ़िगत स्रोतों का प्रतिस्थापन नहीं हो सकता
   (ख) रूढ़िगत स्रोतों का प्रयोग होता रहेगा
   (ग) सौर ऊर्जा समाप्त हो जाएगी
   (घ) अरूढ़िगत स्रोत समाप्त नहीं होंगे

16. **विश्व में ऊर्जा का संकट पैदा हो गया है क्योंकि–**
   (क) उद्योगों में ऊर्जा का अपव्यय हो रहा है
   (ख) ऊर्जा का कोई नया स्रोत नहीं है
   (ग) प्रति व्यक्ति ऊर्जा की खपत बढ़ गई है
   (घ) ऊर्जा के सभी स्रोत समाप्त होनेवाले हैं

17. **ऊर्जा के कुछ स्रोतों का प्रतिस्थापन शीघ्रता से नहीं हो सकता क्योंकि–**
   (क) ये अरूढ़िगत और नवीकरण के योग्य हैं
   (ख) ये बहुत खर्चीले और जटिल होते हैं
   (ग) इनको अब पसंद नहीं किया जाता
   (घ) इनको बनने में कई युग लगते हैं

18. **भारत में ऊर्जा की प्रति व्यक्ति खपत बढ़ने से–**
   (क) अनुसंधान को बढ़ावा मिलेगा
   (ख) प्रौद्योगिकी का विस्तार होगा
   (ग) जीवन का स्तर ऊँचा होगा
   (घ) ऊर्जा संकट पैदा हो सकता है

19. **'औसत आदमी' का अर्थ है–**
   (क) आम आदमी (ख) विशेष आदमी
   (ग) उन्नत आदमी (घ) खर्चीला आदमी

20. **''मानव इतिहास के अभिन्न अंग'' का अर्थ है–**
   (क) इनको मानव इतिहास से जोड़ा जा सकता है
   (ख) इनको मानव इतिहास से अलग नहीं किया जा सकता
   (ग) मानव इतिहास के अंग नहीं बन सकते
   (घ) ये मानव इतिहास के विशेष अंग हैं

3. राजा विक्रमाजीत बहुत न्यायप्रिय थे। देवताओं के राजा इन्द्र ने उनकी परीक्षा लेने के लिए उनके पास तीन आदमियों के कटे हुए सिर भेजे और कहलवा दिया कि यदि राजा इनका मूल्य बता सकेंगे तो उनके राज्य में सब जगह सोने की वर्षा होगी, न बता सके तो गाज गिरेगी।

विक्रमाजीत ने सब दरबारियों से पूछा। जब कोई भी न बता पाया तो उन्होंने अपने राज-पुरोहित को बुलाकर कहा, ''यदि तुम तीन दिन में इनका मूल्य बता दोगे तो तुम्हें मुँह-माँगा इनाम दिया जाएगा और यदि नहीं बता पाए तो फाँसी पर लटका दिया जाएगा।'' जब राज-पुरोहित घर आए तो उनके चेहरे से पंडिताइन ताड़ गई कि वे चिन्तित हैं। सारी घटना सुनने के बाद पंडिताइन के होश उड़ गए। उसने पति की मौत देखने की अपेक्षा आधी रात को तालाब में डूबना अधिक अच्छा समझा।

यह देखकर पार्वती और शंकर उस पतिव्रता को बचाने के लिए सियार, सियारिन का वेश बनाकर तालाब पर पहुँचे। जैसे ही पंडिताइन सियार के पास से गुज़री तो उसने देखा कि सियार सियारिन से कह रहा था ''राजा

इन्द्र ने तीन सिरों का मोल बताने को कहा है, लेकिन कोई नहीं बता सकेगा; सिर्फ़ मुझे मालूम है। इतना कहकर सियार ने तीनों सिरों का मूल्य बता दिया। यह सुनते ही पंडिताइन चुपचाप दबे पाँव अपने घर की ओर चल पड़ी। जब उसने पुरोहितजी को सब बात बताई, तब उनकी जान-में-जान आ गई।

अगले दिन पुरोहितजी राजदरबार में गए और राजा से तीनों सिर तथा एक सोने की सलाई मँगवाने को कहा। फिर पुरोहित ने एक सिर को उठाकर उसके कान में सलाई डाली, चारों ओर हिलाई-डुलाई पर वह कहीं से नहीं निकली। पुरोहित ने कहा, ''महाराज, यह आदमी बड़ा गंभीर है, इसका भेद नहीं मिलता, यह अमूल्य है।'' फिर दूसरा सिर उठाकर उसके कान में सलाई डालकर हिलाई-डुलाई तो सलाई उसके मुँह से निकल गई अब पुरोहित ने कहा, ''यह आदमी कान का कुछ कच्चा है, जो कान से सुनता है, मुँह से कह डालती है। इसका मूल्य दस हजार है। जब पुरोहित ने तीसरे सिर में सलाई डाली तो वह उसके मुँह, नाक, कान, आँख सबके पार निकल रही थी। उसने मुँह बना कर कहा, ''महाराज, यह आदमी किसी काम का नहीं। यह कोई भेद नहीं छिपा सकता। चुगलखोर है। इसका मूल्य है दो कौड़ी।'' पुरोहित के उत्तर से राजा विक्रमाजीत बहुत खुश हुए, उन्होंने उसे मुँह माँगा इनाम दिया। तीनों सिरों का मूल्य लिखकर राजा इन्द्र के दरबार में भेज दिया। देवराज इन्द्र प्रसन्न हो गए और सारे राज्य में सोने की वर्षा हुई। प्रजा खुशहाल हो गई।

21. अच्छे व्यक्ति को संकट से बचाने के लिए भगवान

(क) सहायता के लिए दूत भेजते हैं

(ख) कभी-कभी सहायता करते हैं

(ग) वेश बदलकर धरती पर आ जाते हैं

(घ) वेश बदलने का सुझाव देते हैं

22. जिस आदमी के सिर से सलाई बाहर नहीं निकली

(क) उसका मूल्य दस-हज़ार था

(ख) वह अमूल्य था

(ग) वह दो कौड़ी का था

(घ) उसमें गंभीरता नहीं थी

23. 'पुरोहित' का स्त्रीलिंग है–

(क) पुरोहिताइन (ख) पुरोहितानी

(ग) पंडिताइन (घ) पंडितानी

24. जब कोई दरबारी सिरों का मोल न बता सका तब राजा ने

(क) राज-पुरोहित से मूल्य बताने को कहा

(ख) पंडिताइन को तालाब पर भेजा

(ग) शंकर-पार्वती से प्रार्थना की

(घ) राज-पुरोहित चिन्तित हो गए

25. जब पुरोहित ने तीनों सिरों का मूल्य बता दिया तब

(क) राजा ने दरबारियों को बुलाया

(ख) राजा ने उसे फाँसी की सज़ा दी

(ग) राजा ने उसे मनचाहा इनाम दिया

(घ) राजा ने इन्द्र को प्रसन्न किया

26. 'जान में जान आना' मुहावरे का अर्थ है–

(क) पुनः जीवित होना

(ख) प्रसन्न होना

(ग) मुसीबत से निकलने पर निश्चिंत होना

(घ) मुसीबत में फँसना

27. पंडिताइन डूबने के स्थान से लौट आई, क्योंकि–

(क) वह सियार-सियारिन से डर गई थी

(ख) सियार ने घर लौटने की सलाह दी थी

(ग) वह मनचाहा इनाम लेना चाहती थी

(घ) उसे तीनों सिरों का मूल्य मालूम हो गया था

28. 'कान का कच्चा होना' का अर्थ नहीं है–

(क) बिना सोचे-विचारे दूसरों की बातों पर विश्वास करना

(ख) हर एक की बात मान लेना

(ग) आसानी से किसी की बात पर भरोसा करना

(घ) किसी पर भी विश्वास न करना

29. ''गाज गिरना'' का अर्थ है–

(क) गरजना

(ख) ज़ोर-ज़ोर से बोलना

(ग) बिजली चमकना

(घ) बिजली गिरना

30. ''चुगलखोर'' का अर्थ है–

(क) निंदा करने वाला

(ख) पीठ पीछे निन्दा करने वाला

(ग) धोखा देने वाला

(घ) प्रहार करने वाला

(खंड ख)

31. दिए गए वाक्यांश के लिए उपयुक्त शब्द चुनिए–
जो इतिहास काल से पहले का हो

(क) ऐतिहासिक (ख) प्राचीन

(ग) प्रागैतिहासिक (घ) परंपरागत

32. उचित शब्द चुनकर रिक्त स्थान की पूर्ति कीजिए–
आज जीवन मूल्यों का जितना .... हुआ है, उतना कभी नहीं हुआ।

(क) हास (ख) ह्रास

(ग) हास्य (घ) हस्थ

33. 'मत' का अर्थ नहीं है–

(क) धर्म (ख) राय

(ग) वोट (घ) निषेधवाची अव्यय

34. सूची-I के शब्दों को सूची-II में उनके पर्यायवाची शब्द के साथ सुमेलित कीजिए–

सूची-I	सूची-II
(अ) झरना	(A) तरंग
(ब) नाव	(B) तरणी
(स) नदी	(C) निर्झर
(द) लहर	(d) तरिणी

(क) अ–C, ब–D, स–B, द–A

(ख) अ–B, ब–A, स–D, द–C

(ग) अ–A, ब–B, स–C, द–D

(घ) अ–C, ब–B, स–D, द–A

35. रिक्त स्थान की पूर्ति रेखांकित शब्द के उचित विलोम शब्द द्वारा कीजिए–
सरकार ने <u>निरक्षर</u> लोगों को .... बनाने के लिए सर्वशिक्षा अभियान चलाया।

(क) अक्षरज्ञान (ख) साक्षर

(ग) पढ़ा-लिखा (घ) बुद्धिमान

36. नीचे दिए गए वाक्यों को पढ़कर सही उत्तर चुनिए–

(अ) उपमा अलंकार में गुण अत्यंत समानता के कारण उपमेय को ही उपमान मान लिया जाता है।

(ब) उपमा अलंकार में समानता प्रकट करने वाले शब्दों– सा, सी, से, सम, सरिस आदि का प्रयोग होता है।

(क) विकल्प 'अ' सत्य है, लेकिन 'ब' असत्य है।

(ख) विकल्प 'अ' असत्य है, लेकिन 'ब' सत्य है।

(ग) विकल्प 'अ' और 'ब' दोनों सत्य हैं।

(घ) विकल्प 'अ' और 'ब' दोनों असत्य हैं।

37. 'आँख' का पर्यायवाची शब्द नहीं है–

(क) अक्ष (ख) अक्षि

(ग) चक्षु (घ) लोचन

38. निम्नलिखित वाक्यांशों में प्रथम एवं अंतिम का क्रम निश्चित है। शेष वाक्यांशों के लिए उचित क्रम का चयन कीजिए–

1. भारत में लड़कियों को
2. प्रधानमंत्री मोदी ने
3. लड़कियों के लिए एक योजना का शुभारंभ
4. शिक्षित बनाने और उन्हें बचाने के लिए
5. 'बेटी बचाओ-बेटी पढ़ाओ' नाम से
6. 22 जनवरी, 2015 को किया

(क) 2, 3, 4, 5 (ख) 4, 3, 5, 3

(ग) 4, 2, 5, 3 (घ) 5, 4, 3, 2

39. नीचे लिखे मुहावरों को उनके अर्थ के साथ सुमेलित कीजिए–

सूची-I	सूची-II
(अ) किनारा करना	(A) आँख थक जाना
(ब) कान भरना	(B) आश्चर्यचकित होना
(स) आँख पथराना	(C) साथ छोड़ देना
(द) आँख फटना	(d) चुगली करना

(क) अ–A, ब–B, स–C, द–D

(ख) अ–B, ब–D, स–A, द–C

(ग) अ–D, ब–A, स–C, द–B

(घ) अ–C, ब–D, स–A, द–B

40. व्याकरण की दृष्टि से शुद्ध वाक्य है–

(क) तुम, मैं और शिवानी कल घूमने चलेंगे।

(ख) मैं, तुम और शिवानी कल घूमने चलेंगे।

(ग) शिवानी, तुम और मैं कल घूमने चलेंगे।

(घ) तुम, शिवानी और मैं कल घूमने चलेंगे।

41. शुद्ध वाक्य का चयन कीजिए–

(क) एक गिलास गर्म दूध लाओ।

(ख) गर्म दूध का एक गिलास लाओ।

(ग) दूध का एक गर्म गिलास लाओ।

(घ) एक दूध का गर्म गिलास लाओ।

42. 'देशभक्ति' समस्त पद का सही विग्रह है–

(क) देश की भक्ति (ख) देश में भक्ति

(ग) देश से भक्ति (घ) देश के लिए भक्ति

43. नीचे लिखे वाक्यों को पढ़कर सही उत्तर का चयन कीजिए–

(अ) दो ध्वनियों/वर्णों के परस्पर मेल को संधि कहते हैं।

(ब) दो या दो से अधिक शब्दों/पदों के परस्पर मेल को समास कहते हैं।

(क) विकल्प 'अ' सत्य है तथा 'ब' असत्य है।

(ख) विकल्प 'अ' असत्य है तथा 'ब' असत्य है।

(ग) दोनों विकल्प सत्य हैं।

(घ) दोनों विकल्प असत्य हैं।

44. अति + उत्तम = अत्युत्तम में संधि का भेद है–

(क) अयादि स्वर संधि (ख) यण स्वर संधि

(ग) गुण स्वर संधि (घ) वृद्धि स्वर संधि

45. निम्नलिखित शब्द-समूहों में तत्सम शब्द समूह है–

(क) उँगली, छत्र, उलूक, दधि

(ख) पृष्ठ, पत्थर, कृषक, कोकिल

(ग) शर्करा, निद्रा, भ्रमर, कपाट

(घ) गणना, पिपासा, कुम्हार, कर्ण

46. 'भौतिकी' शब्द में प्रयुक्त प्रत्यय का उचित विकल्प है–

(क) ई (ख) इकी

(ग) तिकी (घ) की

47. नीचे लिखे शब्दों में से किस शब्द में 'सु' उपसर्ग का प्रयोग हुआ है–

(क) सुंदर (ख) सुई

(ग) सुरेश (घ) सुगंध

48. (^) कोष्ठक में दिए गए विराम चिह्न के नाम के लिए उचित विकल्प चुनिए–

(अ) त्रुटिपूरक चिह्न

(ब) हंसपद

(क) विकल्प 'अ' सत्य तथा 'ब' असत्य है।

(ख) विकल्प 'अ' असत्य तथा 'ब' सत्य है।

(ग) दोनों विकल्प असत्य है।

(घ) दोनों विकल्प सत्य है।

49. 'मुझसे यह काम बन पड़ा तो ज़रूर कर दूँगा।' वाक्य के लिए सर्वाधिक सटीक विकल्प का चयन करो–

(क) यदि मैं इस काम को बना सकूँगा तो ज़रूर कर दूँगा।

(ख) यदि मैं यह काम कर सका तो ज़रूर कर दूँगा।

(ग) दोनों विकल्प उचित

(घ) दोनों विकल्प अनुचित

50. सूची-I के शब्दों के अर्थ के लिए सूची-II के साथ उचित मिलान कीजिए–

सूची-I	सूची-II
(अ) अरण्य	(A) बिजली
(ब) चंचला	(B) गंगा
(स) तरंग	(C) जंगल
(द) जाह्नवी	(d) लहर

(क) अ–D, ब–C, स–B, द–A

(ख) अ–C, ब–B, स–D, द–A

(ग) अ–A, ब–D, स–B, द–C

(घ) अ–C, ब–A, स–D, द–B

उत्तरमाला

1-(ग) पहले मनोरंजन का उद्देश्य मात्र मनोरंजन था, आज अर्थप्राप्ति हो गया है, 2-(घ) उपर्युक्त सभी, 3-(ख) उस जीवन के सब्ज़बाग दिखाता है जो जीने योग्य नहीं है।, 4-(ग) 'क' और 'ख' दोनों, 5-(ख) मनोरंजन का बदलता स्वरूप, 6-(ग) संदेह वाचक, 7-(घ) उद्योग + इक, 8-(क) आधुनिक परिवेश में मनोरंजन का उपलब्ध रूप हमारे व्यक्तित्व के गठन पर कुठाराघात करता है, 9-(ग) बहुत हानि पहुँचानेवाला कार्य, 10-(ख) मन का रंजन / तत्पुरुष, 11-(ख) ऊर्जा की बढ़ती हुई खपत, 12-(ग) नवीकरण नहीं किया जा सकता, 13-(ग) ऊर्जा की खपत से, 14-(क) नवीकरण योग्य माना जाता है, 15-(घ) अरूढ़िगत स्रोत समाप्त नहीं होंगे, 16-(ग) प्रति व्यक्ति ऊर्जा की खपत बढ़ गई है, 17-(घ) इनको बनने में कई युग लगते हैं, 18-(ग) जीवन का स्तर ऊँचा होगा, 19-(क) आम आदमी, 20-(ख) इनको मानव इतिहास से अलग नहीं किया जा सकता, 21-(ग) वेश बदलकर धरती पर आ जाते हैं, 22-(ख) वह अमूल्य था, 23-(क) पुरोहिताइन, 24-(क) राज-पुरोहित से मूल्य बताने को कहा, 25-(ग) राजा ने उसे मनचाहा इनाम दिया, 26-(ग) मुसीबत से निकलने पर निश्चिंत होना, 27-(घ) उसे तीनों सिरों का मूल्य मालूम हो गया था, 28-(घ) किसी पर भी विश्वास न करना, 29-(घ) बिजली गिरना, 30-(ख) पीठ पीछे निन्दा करने वाला, 31-(ख) प्राचीन, 32-(ख) ह्रास, 33-(क) धर्म, 34-(घ) अ-C, ब-B, स-D, द-A, 35-(ख) साक्षर, 36-(ख) विकल्प 'अ' असत्य है, लेकिन 'ब' सत्य है।, 37-(क) अक्ष, 38-(ग) 4, 2, 5, 3, 39-(घ) अ-C, ब-D, स-A, द-B, 40-(ख) मैं, तुम और शिवानी कल घूमने चलेंगे।, 41-(क) एक गिलास गर्म दूध लाओ।, 42-(घ) देश के लिए भक्ति, 43-(ग) दोनों विकल्प सत्य हैं।, 44-(ख) यण स्वर संधि, 45-(ग) शर्करा, निद्रा, भ्रमर, कपाट, 46-(क) ई, 47-(घ) सुगंध, 48-(घ) दोनों विकल्प सत्य है।, 49-(ख) यदि मैं यह काम कर सका तो ज़रूर कर दूँगा।, 50-(ग) अ-A, ब-D, स-B, द-C।